Caro aluno, seja bem-vindo!

A partir de agora, você tem a oportunidade de estudar com uma coleção didática da SM que integra um conjunto de recursos educacionais impressos e digitais desenhados especialmente para auxiliar os seus estudos.

Para acessar os recursos digitais integrantes deste projeto, cadastre-se no *site* da SM e ative sua conta.

Veja como ativar sua conta SM:

1. Acesse o *site* <**www.edicoessm.com.br**>.
2. Se você não possui um cadastro, basta clicar em "Login/Cadastre-se" e, depois, clicar em "Quero me cadastrar" e seguir as instruções.
3. Se você já possui um cadastro, digite seu *e-mail* e sua senha para acessar.
4. Após acessar o *site* da SM, entre na área "Ativar recursos digitais" e insira o código indicado abaixo:

AJGEO-A2NBF-9ZRU5-Z86JX

Você terá acesso aos recursos digitais por 12 meses, a partir da data de ativação desse código.

Ressaltamos que o código de ativação somente poderá ser utilizado uma vez, conforme descrito no "Termo de Responsabilidade do Usuário dos Recursos Digitais SM", localizado na área de ativação do código no *site* da SM.

Em caso de dúvida, entre em contato com nosso **Atendimento**, pelo telefone **0800 72 54876** ou pelo *e-mail* **atendimento@grupo-sm.com** ou pela internet <**www.edicoessm.com.br**>.

Desejamos muito sucesso nos seus estudos!

Requisitos mínimos recomendados para uso dos conteúdos digitais SM

Computador	Tablet	Navegador
PC Windows • Windows XP ou superior • Processador dual-core • 1 GB de memória RAM **PC Linux** • Ubuntu 9.x, Fedora Core 12 ou OpenSUSE 11.x • 1 GB de memória RAM **Macintosh** • MAC OS 10.x • Processador dual-core • 1 GB de memória RAM	**Tablet IPAD IOS** • IOS versão 7.x ou mais recente • Armazenamento mínimo: 8GB • Tela com tamanho de 10" **Outros fabricantes** • Sistema operacional Android versão 3.0 (Honeycomb) ou mais recente • Armazenamento mínimo: 8GB • 512 MB de memória RAM • Processador dual-core	*Internet Explorer 10* *Google Chrome 20* ou mais recente *Mozilla Firefox 20* ou mais recente Recomendado o uso do Google Chrome Você precisará ter o programa Adobe Acrobat instalado, *kit* multimídia e conexão à internet com, no mínimo, 1Mb

Aprender juntos

Siga o modelo para montar o seu *toy*.

Complementos disponíveis no encarte.

1 DESTAQUE o seu *toy* do encarte.

2 PINTE, com lápis de cor, os olhos, o cabelo (partes em cinza) e a pele (partes em branco) do *toy* da mesma cor dos seus.

3 DOBRE todas as abas com vincos.

4 ENCAIXE as partes com números iguais, unindo sempre uma bolinha azul com uma vermelha e uma amarela com uma verde.

5 ENCAIXE os complementos do seu *toy* disponíveis nas páginas 105 a 107.

cabelo

ESTE MATERIAL É UM COMPLEMENTO DA OBRA *APRENDER JUNTOS* – GEOGRAFIA 2. VENDA PROIBIDA.

Aprender juntos

GEOGRAFIA 2

ENSINO FUNDAMENTAL
2º ANO

São Paulo,
5ª edição
2016

LEDA LEONARDO DA SILVA
- Bacharela e licenciada em Geografia pela Universidade de São Paulo (USP).
- Professora de Geografia no Ensino Fundamental e Médio.

ORGANIZADORA: EDIÇÕES SM
Obra coletiva concebida, desenvolvida e produzida por Edições SM.

sm

Aprender Juntos – **Geografia 2**
© Edições SM Ltda.
Todos os direitos reservados

Direção editorial	Juliane Matsubara Barroso
Gerência editorial	José Luiz Carvalho da Cruz
Gerência de *design* e produção	Marisa Iniesta Martin
Coordenação pedagógica	Regina de Mello Mattos Averoldi
Edição executiva	Robson Rocha
	Edição: Mayra Moura, Camila Duarte
	Apoio editorial: Flávia Trindade, Camila Guimarães
Coordenação de controle editorial	Flavia Casellato
	Suporte editorial: Alzira Bertholim, Camila Cunha, Giselle Marangon, Mônica Rocha, Talita Vieira, Silvana Siqueira, Fernanda D'Angelo
Coordenação de revisão	Cláudia Rodrigues do Espírito Santo
	Preparação e revisão: Ana Catarina Nogueira, Eliana Vila Nova de Souza, Fátima Valentina Cezare Pasculli, Lu Peixoto, Mariana Masotti, Sâmia Rios, Taciana Vaz, Valéria Cristina Borsanelli Marco Aurélio Feltran (apoio de equipe)
Coordenação de *design*	Rafael Vianna Leal
	Apoio: Didier Dias de Moraes e Debora Barbieri
	***Design*:** Leika Yatsunami, Tiago Stéfano
Coordenação de arte	Ulisses Pires
	Edição executiva de arte: Melissa Steiner
	Edição de arte: Wilians dos Santos Joaquim
Coordenação de iconografia	Josiane Laurentino
	Pesquisa iconográfica: Bianca Fanelli, Susan Eiko, Caio Mazzilli
	Tratamento de imagem: Marcelo Casaro
Capa	Estúdio Insólito e Rafael Vianna Leal sobre ilustração de Carlo Giovani
Projeto gráfico	Estúdio Insólito
Papertoys	Ilustração e planificação: O Silva
	Apoio para orientações pedagógicas: Ana Paula Barranco e Maria Viana
Editoração eletrônica	Tarumã Editorial
Ilustrações	Alex Rodrigues, AMj Studio, BUGBITE, Ilustra Cartoon, Leninha Lacerda, Mirella Spinelli, Vicente Mendonça
Fabricação	Alexander Maeda
Impressão	Corprint

Dados Internacionais de Catalogação na Publicação (CIP)
(Câmara Brasileira do Livro, SP, Brasil)

Silva, Leda Leonardo da
   Aprender juntos geografia, 2º ano : ensino fundamental / Leda Leonardo da Silva ; organizadora Edições SM ; obra coletiva concebida, desenvolvida e produzida por Edições SM ; editor responsável Robson Rocha. – 5. ed. – São Paulo : Edições SM, 2016. – (Aprender juntos)

Suplementado pelo Guia Didático.
Vários ilustradores.
Bibliografia.
ISBN 978-85-418-1440-9 (aluno)
ISBN 978-85-418-1442-3 (professor)

1. Geografia (Ensino fundamental) I. Rocha, Robson. II. Título. III. Série.

16-03896   CDD-372.891

Índices para catálogo sistemático:
1. Geografia : Ensino fundamental 372.891

5ª edição, 2016
2ª impressão, 2017

Edições SM Ltda.
Rua Tenente Lycurgo Lopes da Cruz, 55
Água Branca 05036-120 São Paulo SP Brasil
Tel. 11 2111-7400
edicoessm@grupo-sm.com
www.edicoessm.com.br

Apresentação

Caro aluno,

Este livro foi cuidadosamente pensado para ajudá-lo a construir uma aprendizagem sólida e cheia de significados que lhe sejam úteis não somente hoje, mas também no futuro. Nele, você vai encontrar estímulos para criar, expressar ideias e pensamentos, refletir sobre o que aprende, trocar experiências e conhecimentos.

Os temas, os textos, as imagens e as atividades propostos neste livro oferecem oportunidades para que você se desenvolva como estudante e como cidadão, cultivando valores universais como responsabilidade, respeito, solidariedade, liberdade e justiça.

Acreditamos que é por meio de atitudes positivas e construtivas que se conquistam autonomia e capacidade para tomar decisões acertadas, resolver problemas e superar conflitos.

Esperamos que este material didático contribua para o seu desenvolvimento e para a sua formação.

Bons estudos!

Equipe editorial

Conheça seu livro

Conhecer seu livro didático vai ajudar você a aproveitar melhor as oportunidades de aprendizagem que ele oferece.

Este volume contém quatro unidades, cada uma delas com três capítulos. Veja como cada unidade está organizada.

Abertura da unidade

Grandes imagens iniciam as unidades. Aproveite para fazer os primeiros contatos com o tema a ser estudado.

Início do capítulo

Essa página marca o início de um novo capítulo. Textos, tabelas, imagens variadas e atividades vão fazer você pensar e conversar sobre o tema.

Desenvolvimento do assunto

Os textos, as imagens e as atividades dessas páginas permitirão que você compreenda o conteúdo que está sendo apresentado.

Glossário

Uma breve explicação de algumas palavras e expressões que podem não ser usadas no seu dia a dia.

Saiba mais

Conheça outras informações que se relacionam com os assuntos estudados.

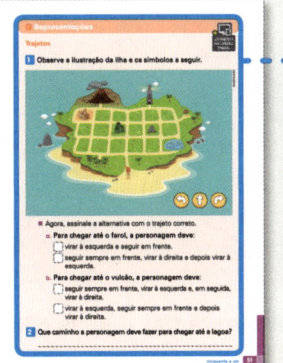

Alfabetização cartográfica

Com os textos e as atividades da seção **Representações** você vai aprender a representar cartograficamente o mundo a sua volta.

Finalizando o capítulo

As atividades da seção **Agora já sei!** são uma oportunidade para rever os conteúdos do capítulo.

Finalizando a unidade

As atividades práticas propostas na seção **Vamos fazer!** vão ajudar você a entender melhor os assuntos.

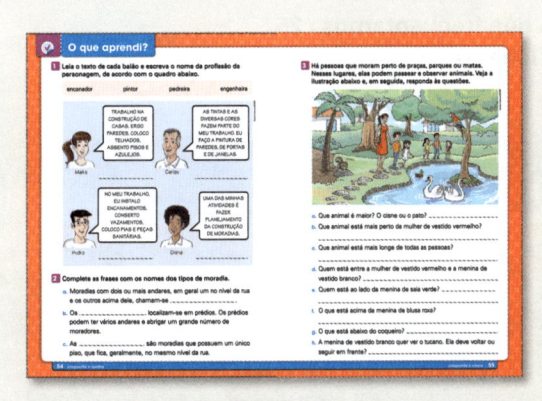

A seção **O que aprendi?** é o momento de verificar o que aprendeu. Dessa forma, você e o professor poderão avaliar como está sua aprendizagem.

Ícones usados no livro

Atividade em dupla

Atividade oral

Saber ser
Sinaliza momentos propícios para o professor refletir com a turma sobre questões relacionadas a valores.

Atividade em grupo

OED
Indica que há um Objeto Educacional Digital a ser explorado no livro digital.

cinco 5

Sumário

UNIDADE 1 — A Geografia, as pessoas e eu

CAPÍTULO 1
As pessoas são diferentes › 10

As características físicas das pessoas › 11
Representações: As representações › 13
O jeito de ser › 14
Como eu sou? › 15
Representações: Formas de representar o que se observa › 16

Agora já sei! › 17

CAPÍTULO 2
Vivemos em grupo › 18

Os diferentes grupos › 19
A convivência nos grupos sociais › 20
O grupo familiar › 21
A participação › 22

Agora já sei! › 23

CAPÍTULO 3
Estudar Geografia › 24

Os lugares que frequentamos › 25
Diferentes lugares e modos de vida › 26

Agora já sei! › 28

VAMOS FAZER!
A representação da turma › 29

O QUE APRENDI? › 30

UNIDADE 2 — Moradias

CAPÍTULO 1
A importância das moradias › 34

As moradias e seus cômodos › 35
Representações: Perto, longe… Maior, menor › 36
Uma casa para todos › 37
Moradia e propriedade › 38
Moradias irregulares › 39
Representações: Ao lado, em frente, entre… Acima, abaixo! › 40

Agora já sei! › 41

CAPÍTULO 2
Os diferentes tipos de moradia › 42

Casas térreas, sobrados e apartamentos › 43
O lugar e as moradias › 44
As transformações no lugar › 45

Agora já sei! › 47

CAPÍTULO 3
A construção das moradias › 48

Os materiais usados nas construções › 49
Quem faz as moradias › 50
Representações: Trajetos › 51

Agora já sei! › 52

VAMOS FAZER!
A representação de uma casa › 53

O QUE APRENDI? › 54

UNIDADE 3 — Escolas

CAPÍTULO 1
Escola, um espaço de vivência › 58

A comunidade escolar › 59
Convivência e respeito › 61
Os vizinhos da escola › 62

Agora já sei! › 63

CAPÍTULO 2
O espaço da escola › 64

As dependências da escola › 65
A diversidade de escolas › 66
A sala de aula › 67
Representações: Diferentes tipos de visão › 68

Agora já sei! › 69

CAPÍTULO 3
As atividades na escola › 70

O que se aprende na escola › 71
O uso das dependências › 72
Atividades fora da sala de aula › 73
O que fazem os funcionários da escola? › 74
Representações: Disposição dos elementos e legenda › 75

Agora já sei! › 76

VAMOS FAZER!
A miniatura da sala › 77

O QUE APRENDI? › 78

UNIDADE 4 — Ruas e bairros

CAPÍTULO 1
As ruas › 82

A ligação entre as ruas › 83
As diferentes ruas › 84
A rua, um espaço de todos › 85
Representações: Vista de frente e vista do alto › 86

Agora já sei! › 87

CAPÍTULO 2
Os bairros › 88

Diferenças entre os bairros › 89
Os lugares no bairro › 91
Representações: Representando a localização › 92

Agora já sei! › 93

CAPÍTULO 3
Os serviços públicos e a transformação dos bairros › 94

Transformações pela ação humana › 95
Serviços públicos no bairro › 96
Distribuição desigual de serviços públicos › 97

Agora já sei! › 98

VAMOS FAZER!
Planejamento para a redução de consumo › 99

O QUE APRENDI? › 100

SUGESTÕES DE LEITURA › 102

BIBLIOGRAFIA › 104

sete 7

UNIDADE 1

A Geografia, as pessoas e eu

Você convive com muitas pessoas, em diversos lugares: em casa, na escola, no parque, na rua. As relações entre as pessoas e entre elas e os lugares transformam o mundo em que vivemos. E é isso o que vamos estudar em Geografia.

- Como você é fisicamente? Descreva sua aparência. Depois, monte o *toy* que está no início do livro, de acordo com a descrição que fez de si mesmo.

- Agora, observe a ilustração e descreva o lugar representado. Ele se parece com algum lugar que você conhece? Qual?

- Como são as pessoas representadas na cena? Quais delas se parecem com você? O que vocês têm em comum?

- Imagine-se participando da cena. De que atividades você participaria? Com quem? Marque sua escolha na ilustração colando o sinal de localização que está na página 107.

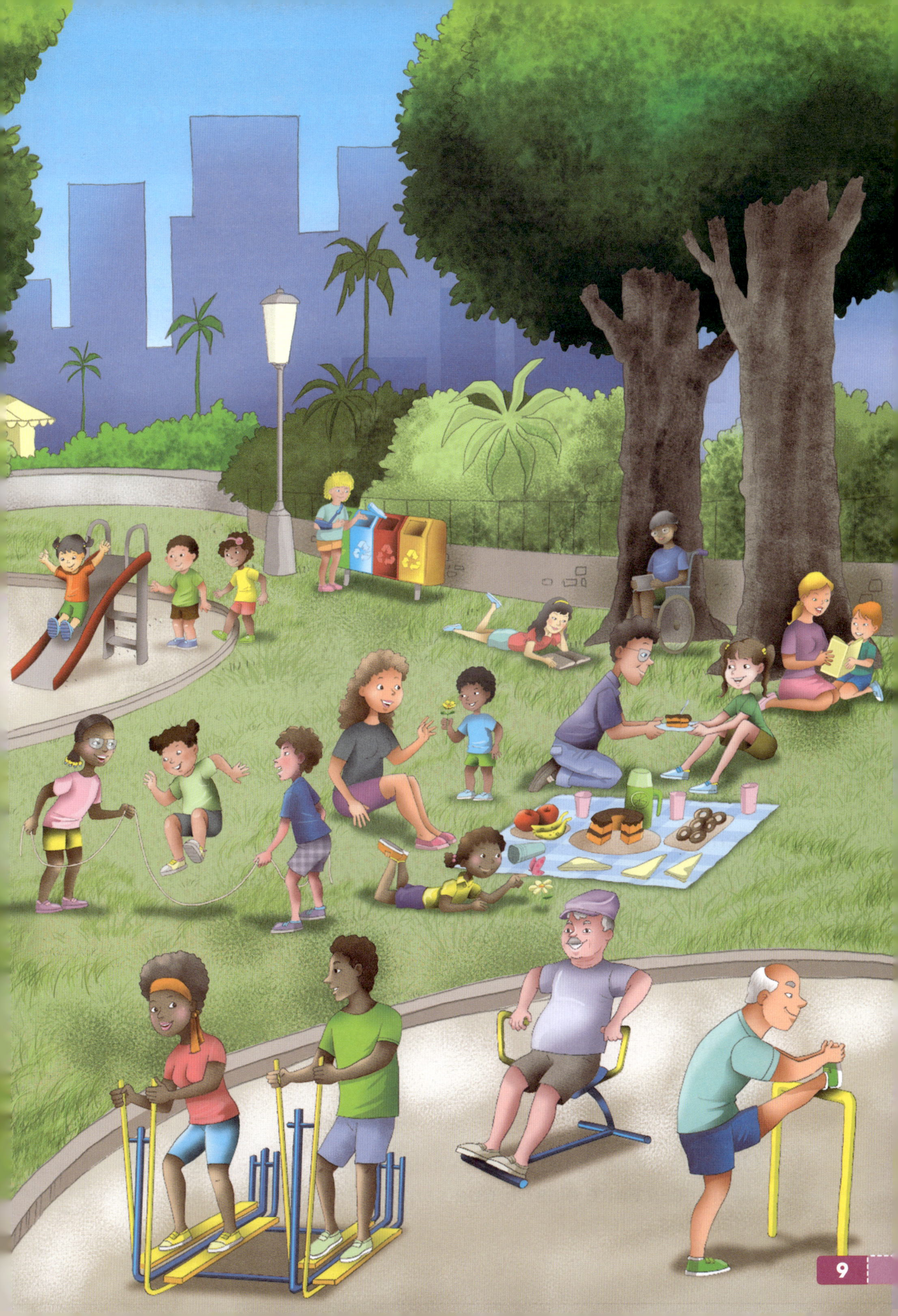

CAPÍTULO 1 — As pessoas são diferentes

Você já notou quantas pessoas diferentes você conhece? Já prestou atenção nas diferenças que há entre elas?

A idade, o tamanho, a feição do rosto, a cor dos olhos e do cabelo, a voz, o penteado preferido, o modo de vestir, o jeito de sorrir, o temperamento, o que gosta de comer: o que mais pode ser diferente em cada pessoa?

1 Identifique as diferenças entre as pessoas da ilustração acima.

a. Qual dessas pessoas é a mais alta? E qual é a mais baixa?

_____

b. Qual parece ser a pessoa mais velha? E a mais nova?

_____

c. Quantas pessoas têm cabelo preto? Quantas estão usando óculos?

_____

2 Observe as pessoas em sua sala de aula. Há muitas diferenças entre elas? E que semelhanças existem entre você e os colegas?

As características físicas das pessoas

Basta observar uma pessoa para saber como ela é fisicamente.

Tem pessoa que é baixa, de olhos claros e cabelo cacheado. Há ainda aquela que tem pés grandes, dedos longos nas mãos e sobrancelhas finas. E quem nunca viu uma pessoa com sardas ou com pinta no rosto? Ou uma pessoa com espaço entre os dentes ou covinha nas bochechas quando sorri?

1 Em uma folha avulsa, desenhe duas pessoas com algumas das características citadas no poema abaixo, escrito por uma criança.

> Tem crianças tristes e alegres,
> Altas e baixas,
> Chupando uma bala ou pirulito.
> Um dia até vi um menino esquisito!
>
> Tem criança estudiosa e caprichosa,
> Aventureira e bagunceira...
> Tem de tudo que é jeito,
> E todas merecem respeito!

Vinicius Andrade. Criança. *Folha de S.Paulo*, São Paulo, 2 jul. 2005. Suplemento infantil Folhinha, p. 5.

As pessoas podem apresentar ainda muitas outras características. Veja alguns exemplos nesta página e na próxima.

A

B

C

onze 11

As pessoas podem ser muito diferentes na aparência. Mas isso não torna uma pessoa melhor ou pior do que a outra.

2 Escolha uma das oito pessoas fotografadas e descreva como ela é fisicamente: os traços do rosto, a cor dos olhos e a do cabelo e outros detalhes que você notar.

_____
_____
_____
_____

Representações

As representações

Os lugares que frequentamos e os membros dos grupos dos quais fazemos parte podem ser reproduzidos em diferentes representações.

As representações como desenhos, fotos e mapas mostram as características de pessoas, objetos e lugares.

Será que é possível fazer a representação de uma pessoa em tamanho natural caber na página de um livro?

Veja esta foto.

1 Escolha uma das crianças fotografadas e meça a altura dela na representação com um pedaço de barbante. Essa medida corresponde à altura verdadeira da criança no momento em que ela posava para a foto?

☐ Sim. ☐ Não.

2 O que foi feito para que a representação dessas crianças "coubesse" na página? Para responder, complete a frase abaixo com a palavra correta do quadro.

Na foto, o tamanho das crianças foi _____.

| mantido | reduzido | aumentado |

O jeito de ser

Não é apenas a aparência física que torna uma pessoa diferente das demais.

Mesmo existindo pessoas parecidas fisicamente, cada indivíduo tem um jeito de ser, um jeito de falar, um jeito de brincar, um jeito de lidar com as situações.

Cada pessoa tem suas preferências, tem seus sonhos, tem um temperamento (calmo, ansioso, extrovertido, carinhoso).

1 Complete as frases com a palavra do quadro que define cada criança em relação a seu modo de brincar.

agitada	generoso	organizado

a. Renato é _____. Gosta de ver seu quarto bem-arrumado. Ao brincar, ele toma cuidado para não perder os brinquedos e depois guarda todos eles na caixa.

b. Natália é _____. Acorda cedo, sempre bem-disposta. Ela adora brincadeiras e jogos de correr e pular.

c. Fernando é _____. Adora ter os amigos por perto e faz o que pode para agradá-los. Ele sempre empresta seus brinquedos, até seus preferidos.

2 Como você reagiria ao presenciar a situação abaixo?

- Compare sua resposta com a dos colegas. Todos reagiriam da mesma maneira? Ou existem jeitos diferentes de lidar com uma situação?

Como eu sou?

Você já viu que as pessoas podem ter diferentes características físicas e diferentes jeitos de ser.

Como você é? Como é seu corpo? Como são seus olhos, seu nariz, suas orelhas, sua pele, seu cabelo, seus braços, suas pernas?

Você é uma pessoa mais tranquila ou mais agitada? É muito organizada ou um pouco bagunceira? Você se irrita com facilidade? O que deixa você feliz?

1 Observe as figuras abaixo e assinale aquelas que se parecem com partes de seu corpo.

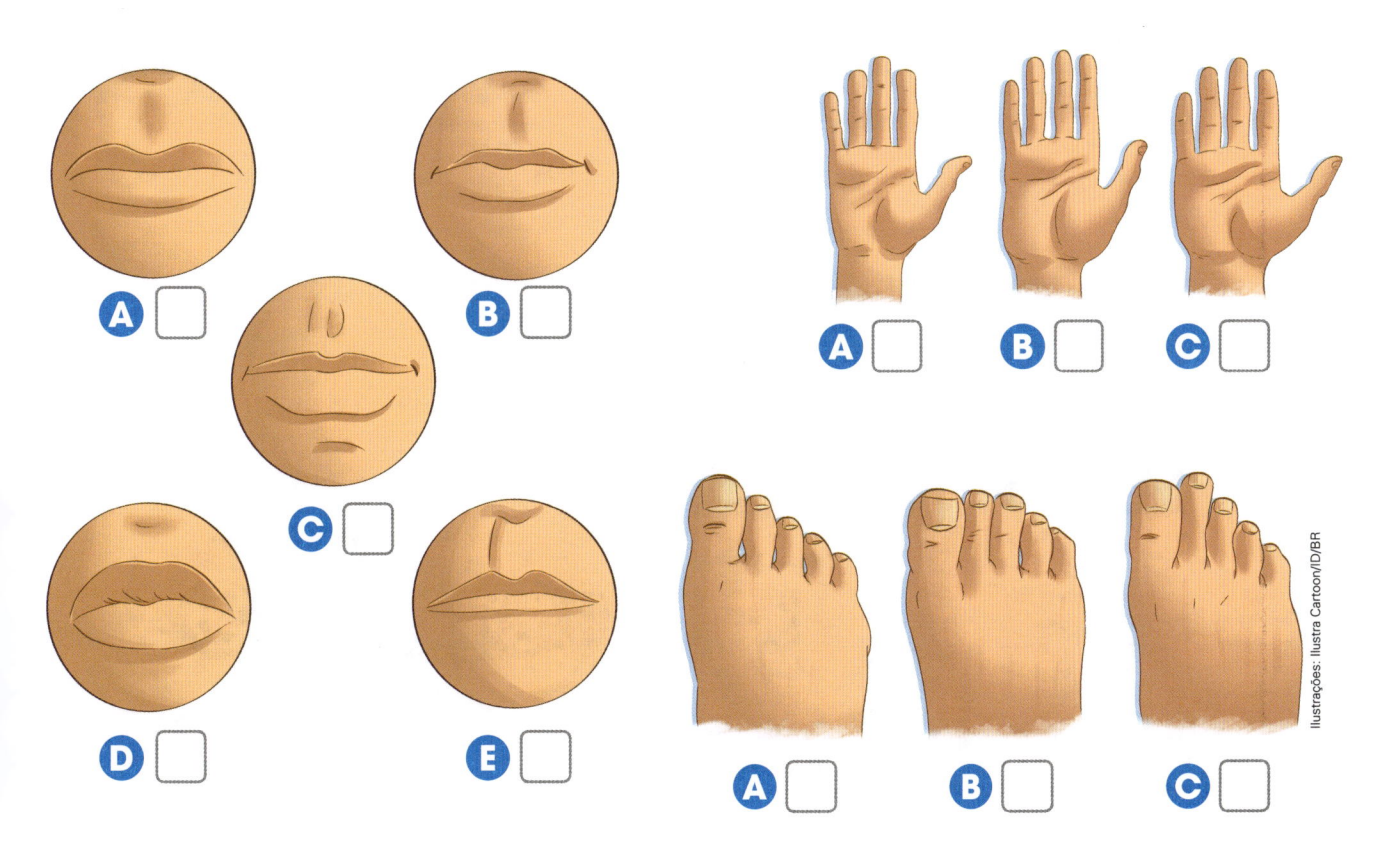

2 Você sabe qual de suas mãos é a direita e qual é a esquerda? Você escreve com a mão esquerda (canhoto) ou com a mão direita (destro)?

- Contorne sua mão esquerda com o lápis sobre uma folha avulsa. Escreva sobre o desenho a palavra **esquerda**. Depois, faça o mesmo com a mão **direita**. Em seguida, assinale com um **X** o desenho da mão com a qual você escreve.

Representações

Formas de representar o que se observa

Podemos representar o que observamos de várias formas. Veja alguns exemplos.

Pinturas rupestres no Parque Estadual de Monte Alegre, Pará. Foto de 2015.

Estátua de Dom Pedro I no município do Rio de Janeiro. Foto de 2016.

Fotografias de família na parede da sala. Foto de 2015.

Carrinho de brinquedo.

Elaborar uma representação, seja ela de uma pessoa, de uma paisagem ou de objetos, significa reproduzir de algum modo características daquilo que se observa.

- Você conhece outros tipos de representação? Que representações você já elaborou?

Agora já sei!

1 Agora você vai desenhar um autorretrato. Em uma folha avulsa, faça um desenho que represente você fisicamente. Desenhe seu corpo inteiro. Se precisar, use um espelho para desenhar seu rosto. Depois, mostre seu desenho aos colegas e veja o desenho deles.

2 No verso da folha usada na atividade anterior, escreva uma frase que explique como é seu jeito de ser. Fale sobre o que você gosta de fazer ou sobre seu temperamento. Depois, mostre o desenho e leia o que escreveu para as pessoas de sua família.

3 Observe com atenção as pessoas representadas na imagem abaixo. Em seguida, faça o que se pede.

a. Localize na imagem a menina de cabelo encaracolado e camiseta branca. Como é a pessoa que está à direita dela?

b. Como você descreveria a pessoa que está à esquerda da menina de cabelo encaracolado e camiseta branca?

CAPÍTULO 2 — **Vivemos em grupo**

Será que é possível viver sozinho? Imagine não ter ninguém para brincar nem para realizar outras atividades em conjunto.

Para evitar as dificuldades que o isolamento pode trazer e pela satisfação de conviver com os outros, os seres humanos se organizaram em **sociedades**. Na vida em sociedade, é comum a reunião de pessoas para a realização de diversas atividades.

Leia o texto a seguir.

> MEU NOME É MATALAUÊ PATAXÓ E TENHO 9 ANOS. MORO NUMA ALDEIA PATAXÓ. É UM LUGAR CHEIO DE ÁRVORES, DE PÁSSAROS, DE MACACOS. TEM UM RIO ONDE EU E OUTRAS CRIANÇAS DA ALDEIA GOSTAMOS MUITO DE BRINCAR. A GENTE TAMBÉM BRINCA DE SUBIR NAS ÁRVORES PARA SE ESCONDER UNS DOS OUTROS. MEUS IRMÃOS, MEUS PAIS E EU FAZEMOS COLARES, BRINCOS E PULSEIRAS PARA VENDER. USAMOS VÁRIAS SEMENTES NATURAIS OU PINTADAS. AGORA ESTAMOS VENDENDO ATÉ PELA INTERNET.

Sociedade: conjunto de pessoas que se relacionam e compartilham espaços e modos de vida em comum.

1 Que atividades Matalauê costuma fazer com outras pessoas? Sublinhe essas atividades no texto.

2 Complete as colunas com as informações correspondentes.

Com quem costumo me reunir	Que atividades realizamos juntos

Os diferentes grupos

Por vivermos organizados em grupos, estamos sempre em contato com outras pessoas. Em casa, na escola, na rua e em diversos lugares que frequentamos, existe muita gente com quem nos relacionamos. E várias atividades que realizamos dependem da colaboração de outras pessoas, conhecidas ou não.

Há também ocasiões em que as pessoas se encontram simplesmente porque gostam de estar reunidas para conversar, brincar, festejar, praticar esportes, estudar ou realizar outras atividades em conjunto.

1 Observe as três situações representadas a seguir. Depois, responda às questões propostas.

a. Que atividades as pessoas estão fazendo em cada situação?

b. Em qual das situações **não** há um grupo formado para a realização de uma atividade em conjunto?

A convivência nos grupos sociais

Como cada pessoa tem um jeito de ser, são necessários respeito e tolerância para que a convivência em grupo seja boa.

Muitos grupos criam regras para definir o que é aceitável na relação entre as pessoas ou como devem ser utilizados espaços e objetos, por exemplo.

Porém, mesmo sem regras definidas, diálogos respeitosos e atitudes de cordialidade contribuem para evitar conflitos ou para superar possíveis divergências.

2 Observe a história ilustrada. Em seguida, faça o que se pede.

a. Entre as atitudes descritas abaixo, assinale aquelas que contribuem para evitar conflitos em atividades em grupo.

☐ Não ouvir a opinião dos colegas.

☐ Descumprir regras combinadas.

☐ Desculpar-se quando erra.

☐ Guardar os objetos utilizados.

b. Note que, no último quadro, o espaço usado pelo grupo de alunos está da mesma forma que foi encontrado no início da atividade, pronto para ser usado por outro grupo. Converse com a turma sobre as atitudes dos alunos que tornaram isso possível.

O grupo familiar

A família é um dos mais importantes grupos de que participamos. No mundo todo, crianças de diversos povos vivem em família.

As famílias podem ser diferentes em sua **composição**, seu jeito de morar, seus hábitos alimentares, a forma como se vestem ou até como se divertem. Mas em nenhuma delas pode faltar proteção, carinho, companhia e ajuda nos momentos mais difíceis.

Composição: maneira como as famílias são formadas: pai, mãe e filho(s); avó(s), mãe e filho(s); pai e filho(s); entre outros.

Família formada por pai, mãe, filha e filho. África do Sul. Foto de 2013.

Família do povo Kuikuro, formada por mãe, filha e filhos. Parque Indígena do Xingu, Mato Grosso. Foto de 2012.

Família formada por avó e cinco netas. Índia. Foto de 2015.

1 Como é a composição de sua família? Qual é o nome das pessoas que fazem parte dela? Converse com um colega.

vinte e um

A participação

Para realizar uma atividade em grupo, é possível distribuir tarefas diferentes a cada integrante. Esse tipo de divisão é bastante comum em ambientes de trabalho.

Em grupos de amigos ou em família, também pode haver divisão de tarefas, por exemplo, na hora de manter organizados e limpos os locais utilizados pelo grupo. Mas é importante também que algumas tarefas sejam compartilhadas, de modo que as pessoas possam se ajudar. Quem sabe fazer uma coisa ensina a quem não sabe.

2 Esta imagem representa a preparação de um almoço em família.

a. Complete as frases com uma das seguintes expressões:

| frente | ao lado | entre |

- A menina está colocando o primeiro prato _____ de sua avó.

- O pai das crianças está cozinhando e a mãe prepara a salada. Quando precisam de água, eles usam a torneira, que está _____ eles.

- A avó está alimentando o neto, que está a sua _____.

b. Repare que cada pessoa faz sozinha uma tarefa na cena representada. Em quais tarefas duas ou mais pessoas poderiam se ajudar?

Agora já sei!

1 Você vai ler parte de uma história que se passa no Quênia, um país da África. Após Adika convidar muitos amigos para uma refeição, sua mãe, *Mama* Panya, chegou a ficar preocupada em não ter como servir comida a todos. Mas veja o que aconteceu.

Saber Ser

> Sawandi e Naiman foram os primeiros a chegar.
> [...]
> Eles traziam duas cabaças cheias de leite e um pequeno balde com manteiga.
> — *Mama*, nossas vacas deram um pouco mais de leite hoje.
> *Mzee* Odolo apareceu logo em seguida.
> — O velho rio nos deu três peixes hoje.
> Gamila chegou equilibrando um cacho de bananas na cabeça.
> — Bananas ficam ótimas com panquecas.
> [...]
> E o banquete começou assim que todos se sentaram debaixo do baobá para comer as panquecas de *Mama* Panya.
> [...]
> Com um brilho nos olhos e sorrindo, Adika cochichou:
> — Aposto que logo você vai fazer panquecas de novo, *Mama*.
> Ela sorriu:
> — Sim, Adika, como sempre, você adivinhou.

Baobá: grande árvore da África.

CONTEÚDO NA VERSÃO DIGITAL

Mary e Rich Chamberlin. *As panquecas de Mama Panya*. Ilustrações de Julia Cairns. Tradução de Cláudia Ribeiro Mesquita. São Paulo: SM, 2005. s. p. (Coleção Cantos do Mundo).

■ Agora, responda: A preocupação de *Mama* Panya se confirmou? Por quê?

_____
_____

2 Que atividades você não consegue realizar sem a colaboração de outras pessoas? Compartilhe sua resposta com os colegas.

_____
_____

3 Converse com a turma: Que situações podem gerar conflitos entre alunos em uma sala de aula? Como é possível resolver esses conflitos e evitar que voltem a acontecer?

CAPÍTULO 3 Estudar Geografia

Por meio da Geografia é possível estudar temas muito variados: família, escola, ruas, recursos da natureza, modos de vida, paisagens, mapas, países, entre outros. Além dos diferentes temas, o estudo de Geografia sempre considera as **relações sociais** e também o lugar onde as relações sociais ocorrem.

> **Relações sociais:** relações entre as pessoas em um grupo, como a família, a escola ou a sociedade em geral.

1 Leia o texto e depois converse com a turma para resolver as questões propostas.

> No meu bairro, tem minha rua,
> com minha escola no começo,
> meus amigos no fim
> e minha casa no meio.
> Ela é azul.

Alain Serres. *Minha casa azul*. Ilustrações de Edmée Cannard. Tradução de Marcos Bagno. 2. ed. São Paulo: SM, 2015. s. p.

a. No texto, uma criança fala do bairro onde mora. Que lugares fazem parte desse bairro?

b. Que grupos sociais podem ser encontrados em cada um desses lugares?

c. Cite exemplos de como cada um desses lugares pode ser usado pelos grupos sociais que você citou.

2 Em uma folha avulsa, faça um desenho retratando você mesmo em um momento de brincadeira em casa, na rua ou na escola, com seus amigos ou com pessoas da família.

Os lugares que frequentamos

Os lugares que frequentamos ou nos quais passamos mais tempo são nossos **espaços de vivência**. Nesses lugares, as pessoas são conhecidas e as características do espaço são familiares.

Por isso, o lugar é muito mais do que uma área que reúne pessoas e um conjunto de coisas: construções, ruas, árvores, plantações. Para as pessoas que fazem parte dele, o lugar também é cheio de significados. Ele desperta sentimentos, como alegria e tristeza, e lembranças de tempos passados e de pessoas que já viveram nele, além de planos para mudanças futuras.

1 Assinale as imagens abaixo que representam espaços existentes em sua escola. Em seguida, converse com os colegas e descreva as atividades realizadas em cada um desses espaços que vocês compartilham.

2 Converse com a turma: Você gosta de conviver com as pessoas e de frequentar os espaços indicados na atividade anterior? Que sensações a escola traz para você?

3 Escreva o nome de algumas das pessoas com quem você convive na escola.

_____

_____

Diferentes lugares e modos de vida

Cada sociedade realiza diversas atividades no lugar onde vive. Com o tempo, cada uma desenvolve determinado modo de vida, adquirindo um jeito próprio de utilizar os espaços e de se relacionar em grupo.

Esse modo de vida pode ser percebido nas situações do dia a dia. Um exemplo é a maneira como as crianças aproveitam as características do lugar para realizar suas brincadeiras.

A São Caetano do Sul, São Paulo. Foto de 2013.

B Rússia. Foto de 2016.

C República Dominicana. Foto de 2012.

1 Descreva o modo de brincar das crianças em cada uma das fotos acima.

_____
_____
_____

2 As brincadeiras retratadas nessas fotos podem ser realizadas em qualquer lugar? Como as crianças estão aproveitando as características do lugar para brincar?

26 vinte e seis

O modo de vida em diferentes lugares revela como as sociedades fazem para obter água, alimentos, moradia. Há grupos, por exemplo, que exploram e transformam diretamente a natureza para obter recursos. E há grupos que apenas compram bens já produzidos por outros.

3 Leia abaixo a rotina de algumas personagens.

Karamirã-ro e Karamirã-hi são casados e vivem em uma aldeia com seus três filhos. Em seu dia a dia, cultivam milho, coletam lenha, tomam banho no rio e conversam com amigos e familiares. Na aldeia, há espaços compartilhados e são comuns o trabalho em grupo e a partilha de alimentos em refeições coletivas entre pessoas de várias famílias.

Teresa é uma agricultora que vive em uma pequena propriedade com a família. Parte de sua produção é consumida pela própria família e parte é vendida em cidades próximas. Todas as manhãs, Teresa prepara o almoço com vários ingredientes que ela mesma colheu e vai trabalhar na roça com o marido e com o pai dela.

Joana vive em uma grande cidade com o marido e a filha e trabalha em uma fábrica de carros. No final da tarde, pega dois ônibus e ainda passa no mercado antes de voltar para casa.
A rotina de seu marido também é agitada. Então, ao preparar o jantar, eles dão preferência aos alimentos industrializados, que não demoram para ficar prontos.

a. Em uma folha avulsa, faça desenhos para representar como você imagina o local de moradia de cada personagem.

b. Quais personagens exploram diretamente a natureza para obter alimentos?

Agora já sei!

1 Algumas brincadeiras são praticadas em muitos lugares diferentes. Veja os exemplos e responda: Quais delas você conhece e de quais gosta mais? Por quê?

A

B

C

_____
_____

2 Você já refletiu sobre como é importante cuidar dos espaços destinados aos jogos e brincadeiras na escola. Agora, observe a ilustração e responda: Que situações mostram maneiras adequadas de manter as ruas como espaço de vivência para o uso de todos?

Saber Ser

_____
_____
_____
_____

28 vinte e oito

Vamos fazer!

A representação da turma

Agora, com um colega, você vai participar da elaboração de uma representação de sua turma.

Do que você vai precisar

- uma folha de papel um pouco maior que você
- caneta de ponta grossa
- lápis de cor
- tesoura sem ponta
- um pedaço de barbante (mais ou menos um metro e meio)
- fita adesiva

Como fazer

1. Deite-se de costas sobre a folha de papel, com os braços estendidos ao lado do corpo. Com uma caneta de ponta grossa, o colega fará o contorno de seu corpo no papel.
Depois ele vai se deitar sobre a folha de papel que ele trouxe, para que você faça o contorno do corpo dele.

2. Na folha com o contorno de seu corpo, desenhe seus olhos, nariz, boca, orelhas e cabelo. Se você usa óculos ou outros acessórios, desenhe-os também.

3. Coloque o barbante sobre o desenho de seu corpo, no sentido da cabeça aos pés, dividindo o desenho ao meio.
Fixe o barbante com a fita adesiva, e peça ao colega que corte o que sobrar do barbante, colando a outra ponta.
Veja a ilustração abaixo.

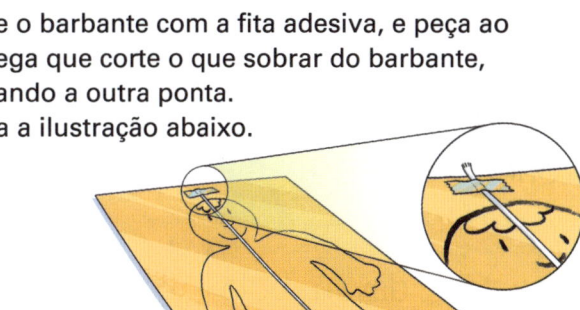

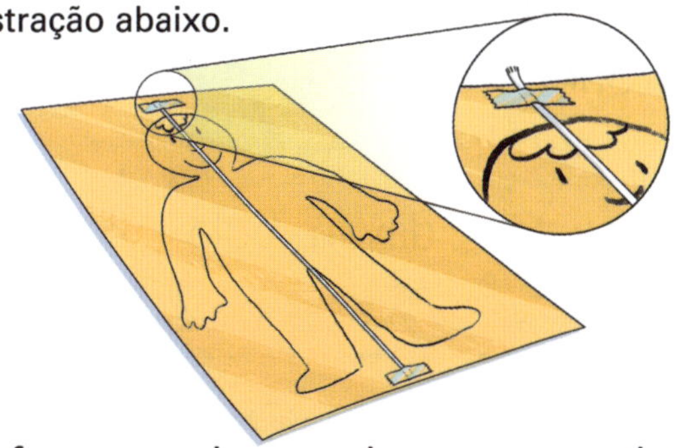

4. Pinte cada lado do desenho com cores diferentes. Escreva DIREITA ao lado direito de seu corpo e ESQUERDA ao lado esquerdo.

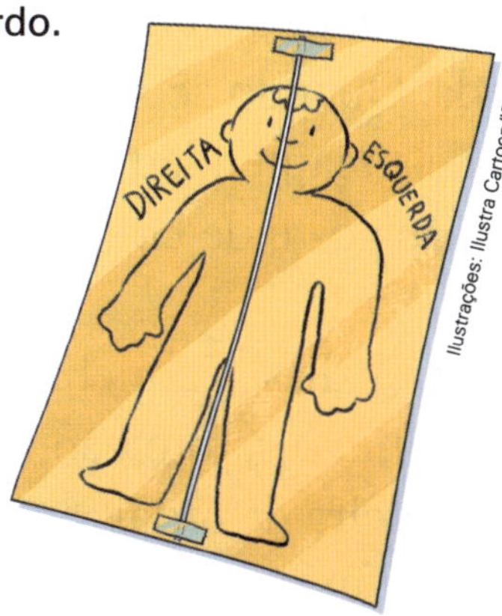

5. No lado direito de seu corpo, escreva seu nome. No lado esquerdo, anote a data de seu nascimento.

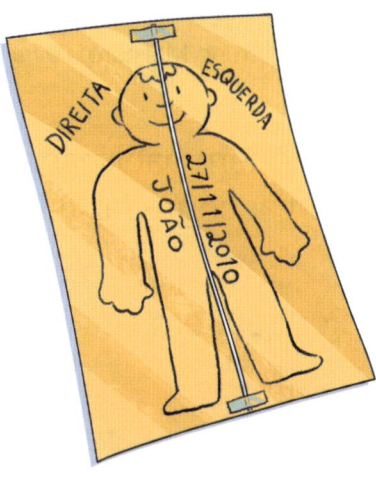

O professor vai organizar a exposição de todas as representações. Observe como foram representados os colegas de sua turma.

O que aprendi?

1 Você já percebeu como usamos o corpo em diferentes brincadeiras? Você conhece crianças com deficiência? Já observou se essas crianças brincam da mesma forma que as outras crianças ou se, às vezes, fazem adaptações? Para saber mais, leia a reportagem abaixo.

Saber Ser

> Veja como crianças com deficiência brincam. [...]
> Todos ficam no chão (mesmo quem anda de cadeira de rodas). Vale chutar, para quem consegue, ou jogar a bola com as mãos. Cada gol tem duas crianças, assim, uma pode ajudar a outra na defesa. A bola é mais pesada para correr mais lentamente e facilitar o jogo para quem tem dificuldade de coordenação motora.
> [...]
> Emely Gabriely Silva, 10, nasceu duas vezes. Até os três anos, corria e estava aprendendo a andar de bicicleta. Aí veio um caminhão e ela não viu mais nada. Quando acordou, estava sem a perna direita. Foi então que nasceu de novo: ela reaprendeu a andar e hoje se equilibra na bicicleta e até pula corda. "Não gosto de boneca. Prefiro brincar na rua", diz.
> [...]
> Todos os dias, Gabriel Fernandes, 10, espera ansioso para ir à casa da vizinha. Como o garoto não tem *videogame*, é lá que ele se transforma em piloto, a cadeira de rodas, em carro de corrida e o quarto, em autódromo. Gabriel pisa fundo e garante: é difícil ganhar dele em jogos de velocidade. Antes, os amigos não davam muita bola para Gabriel. Mas ele é um corredor. Rapidinho, conquistou os meninos e agora todos jogam *videogame* juntos.

Bruno Molinero. *Folha de S.Paulo*, São Paulo, 24 nov. 2012. Suplemento infantil Folhinha.
Disponível em: <http://linkte.me/mp95n>. Acesso em: 6 abr. 2016.

a. Você tem habilidade para andar de bicicleta apenas com uma perna, como faz a Emely Gabriely?

_____

b. Por que, em sua opinião, antes não "davam bola" para o Gabriel?

_____

c. Você já precisou adaptar brincadeiras? Por quê? Você se divertiu? Converse com os colegas.

2 Leia o texto a seguir.

> O cachorro, o porco e a galinha distraíam-se no cercado como de costume.
> [...]
> – E se hoje nos aventurássemos fora do cercado? – propôs o cachorro.
> – Que legal! – exclamou o porco.
> – Ai, que medo, que medo! – gritou a galinha. E, de tão nervosa, ela botou um ovo.
> – Não seja covarde! – disse o cachorro.
> – A gente cuida de você! – tranquilizou-a o porco.

Juan Arjona. *Amiga galinha*. Ilustrações de Carla Besora. Tradução de Ricardo Lísias. São Paulo: SM, 2013. p. 5.

■ Agora, encontre no quadro abaixo a expressão que define melhor o jeito de ser de cada personagem e complete as frases.

| medrosa e preocupada | destemido e aventureiro | animado e gentil |

- O cachorro é _____.
- O porco é _____.
- A galinha é _____.

3 Observe a ilustração e faça o que se pede.

a. Onde as crianças da ilustração estão brincando?

_____

b. Elas estão em fila ou em círculo para brincar no escorregador?

_____

- Qual é sua sugestão para evitar o conflito entre as crianças no balanço? Converse com os colegas.

Saber Ser

UNIDADE 2

Moradias

Todas as pessoas precisam de um lugar para morar, onde se sintam protegidas e seguras. Chamamos esse lugar de moradia. As moradias podem variar de tamanho, de material com que são feitas, de localização, entre outros.

- Observe a imagem ao lado. Como é o lugar onde as casas foram construídas? Como são as moradias?

- O que há de diferente e de semelhante entre as moradias representadas ao lado e a sua moradia?

- Que tipos de moradia você conhece? Como elas são?

- Por que é importante ter um lugar para morar? **Saber Ser**

- De acordo com as características do lugar representado, complemente a ilustração, desenhando mais uma casa e os elementos ao redor dela.

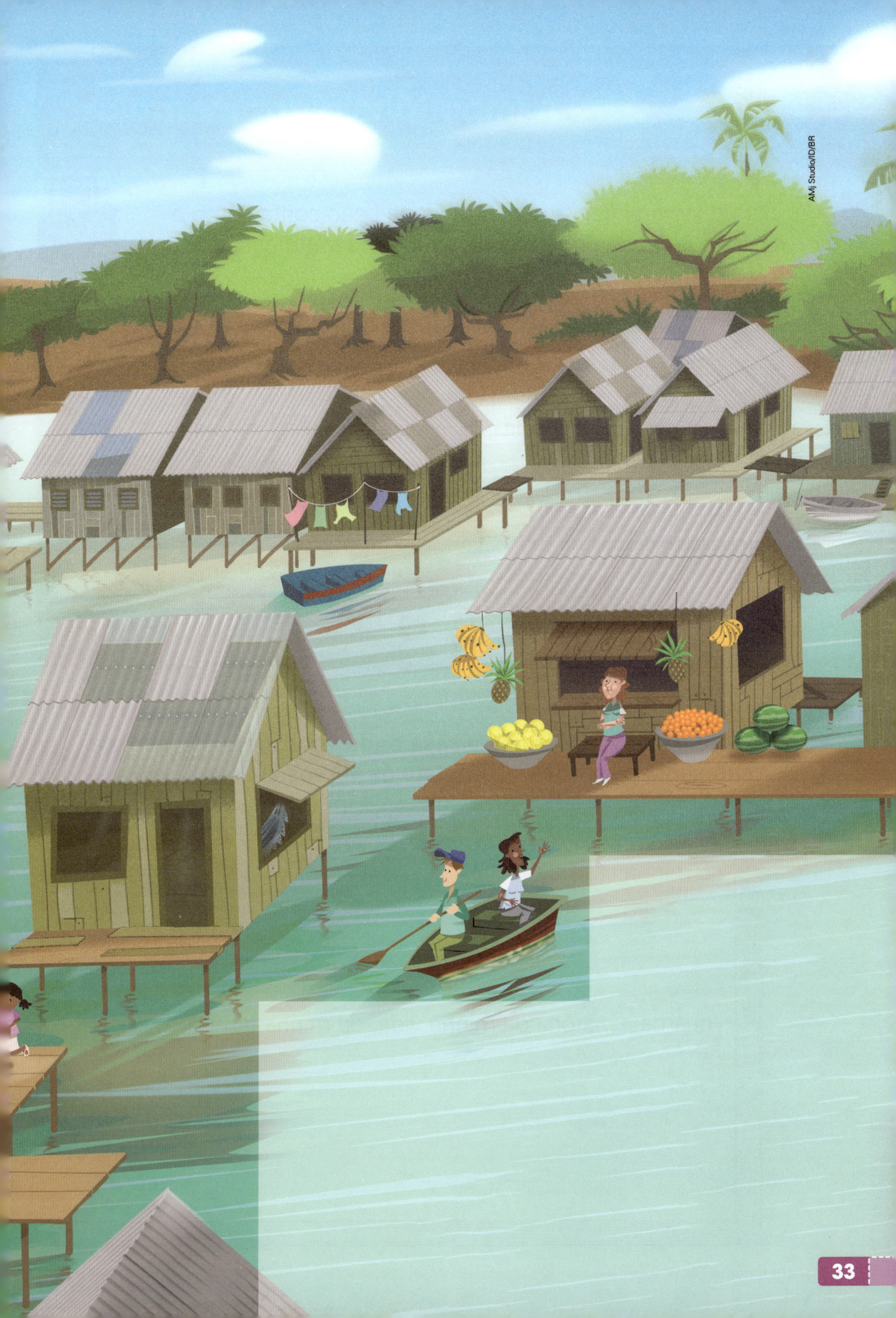
AMj Studio/ID/BR

CAPÍTULO 1

A importância das moradias

No texto a seguir, a escritora Liana Leão conta como é a casa onde mora e o que essa casa representa para ela.

E minha casa de janelas e paredes,
escadas e corredores,
portas e armários,
e salas e quartos e jardins e sótãos
guarda a história da minha vida, da minha família,
é meu porto seguro,
protege o meu sono,
embala os meus sonhos
e me permite dormir em paz.

Sótão: parte da casa localizada entre o forro e o telhado.

Liana Leão. *O livro das casas*. Ilustrações de Guilherme Zamoner. São Paulo: Cortez, 2004. p. 31.

1 Agora é sua vez. Como é a casa onde você mora e o que ela representa para você? Complete os versos abaixo.

E minha casa de _____

_____

_____

guarda a história da minha vida, da minha família,
é _____

As moradias e seus cômodos

Em geral, as residências têm cômodos diversos, para usos determinados, com vários móveis e utensílios.

A quantidade de dependências em uma casa varia. Existem casas com apenas um quarto, cozinha e banheiro. Existem casas maiores, que têm também outro quarto, uma sala, às vezes um quintal. Algumas casas têm vários quartos, mais de um banheiro, salas de jantar e de estar, lavanderia, escritório, biblioteca, garagem.

1 Escreva na linha correspondente o nome de cada cômodo representado na ilustração abaixo. Depois, dê exemplos de atividades que podem ser realizadas neles.

A: _____
B: _____
C: _____
D: _____

2 Converse com os colegas: Quantos cômodos sua casa tem? Como é cada um deles?

3 Em uma folha avulsa, desenhe o lugar de que você mais gosta em sua casa. Lembre-se de desenhar os móveis e utensílios que ficam nesse espaço.

Representações

Perto, longe... Maior, menor

1 Observe esta imagem e depois responda às questões.

Fazendo comidinhas, pintura de Luciana Mariano, 2009.

a. De que cor é a roupa da pessoa maior? _____

b. Qual é a cor da roupa da menina de menor tamanho? _____

c. Qual criança está mais perto da janela?

_____

d. Qual criança está mais longe das outras crianças?

_____

2 Faça dupla com um colega. Primeiro, um dos dois deve observar atentamente a sala de aula e, em seguida, deve fazer perguntas para o outro colega. Vejam alguns exemplos.

a. Quem está sentado mais perto da porta?
b. Quem está sentado atrás do maior aluno da sala?
c. Quem está sentado mais longe da mesa do professor?

■ Depois, invertam os papéis e continuem a brincadeira.

Uma casa para todos

A **Constituição** é a lei maior do Brasil. Ela assegura a todas as pessoas o direito à moradia e a outras necessidades básicas que garantem nosso bem-estar.

> **Constituição:** principal conjunto de leis de um país, que estabelece os direitos e os deveres de todos os cidadãos.

O direito à moradia significa também ter serviços de água encanada, energia elétrica, coleta de lixo e de esgoto em cada lar.

Porém, muitas pessoas não têm casa própria nem podem pagar o aluguel de uma casa. Há famílias que vivem na rua. Essas pessoas não têm seu direito à moradia respeitado.

No Brasil, há muitas pessoas que não têm moradia. Há quem more embaixo de pontes e viadutos, ou mesmo em calçadas. Município de São Paulo. Foto de 2013.

1 Existem serviços de água encanada, energia elétrica, e coleta de lixo e de esgoto onde você mora?

_____

_____

2 Você já viu alguma pessoa vivendo na rua? Como você imagina que deve ser o dia a dia dela? Por quais dificuldades ela deve passar? Converse com os colegas.

Moradia e propriedade

A realidade em relação à moradia varia bastante de família para família. No Brasil, a maioria das famílias vive em **moradia própria**, isto é, são donas da casa onde moram. Por outro lado, há muitas famílias que vivem em **moradias alugadas**, ou seja, precisam pagar todo mês uma quantia, chamada de aluguel, para o dono da moradia que ocupam. Há ainda quem viva em **moradias emprestadas** por parentes ou amigos.

3 No gráfico abaixo, há informações sobre esses três tipos de moradia no Brasil. Cada tipo está representado por uma barra de cor diferente. Quanto maior a barra, maior o número daquele tipo de moradia. Observe o gráfico e responda às questões.

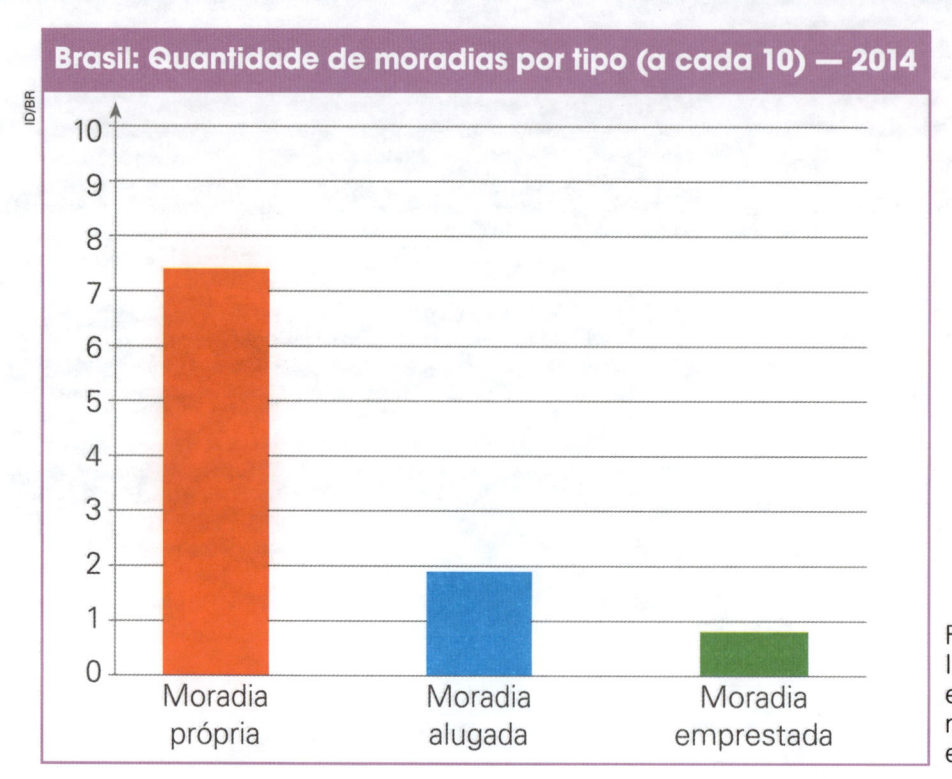

Brasil: Quantidade de moradias por tipo (a cada 10) — 2014

Fonte de pesquisa: IBGE. Disponível em: <http://linkte.me/p444n>. Acesso em: 26 abr. 2017.

a. Qual é o tipo de moradia mais numerosa no Brasil? Como você chegou a essa conclusão?

_____

_____

b. No gráfico, quais são as cores das barras que correspondem às moradias ocupadas por não proprietários?

_____

Moradias irregulares

Muitas pessoas vivem em **moradias irregulares**, por não terem outro local para morar. Essas moradias são construídas muitas vezes pelos próprios moradores, em terrenos que não pertencem a eles ou em áreas de risco, como morros e margens de rios e de ferrovias.

Quando muitas moradias irregulares são erguidas em uma mesma área, forma-se uma **favela**. Como as favelas se localizam em áreas precárias, seus moradores precisam improvisar para ter acesso a energia elétrica, água encanada e rede de esgoto.

4 Observe as fotos, converse com os colegas e responda às questões abaixo.

a. Observe a foto **A**. Esse lugar é semelhante ao lugar onde você mora? Por quê?

- De que material são feitas as casas da foto? Como estão distribuídas? Existem ruas? Você acha que as casas são numeradas? Elas parecem ser grandes ou pequenas?

Favela Paraisópolis e, ao fundo, edifícios de uma grande avenida no município de São Paulo, em 2012.

b. Leia a legenda da foto **B** e compare esta imagem com a anterior.

- Em que esse lugar se parece com o da outra foto?
- Você gostaria de participar de um projeto como esse? Por quê?

Os holandeses Haas & Hahn criaram um projeto para pintar todas as casas de uma favela. Com a participação da comunidade local, essa ação contribui para a educação dos jovens e incentiva as pessoas a cuidar do lugar onde moram. Morro Santa Marta, no município do Rio de Janeiro, em 2012.

Representações

Ao lado, em frente, entre... Acima, abaixo!

Imagine que você enviou pela internet a reprodução de um quadro a um amigo. Você quer mostrar a ele algum elemento da paisagem do quadro. Como você pode indicar a localização desse elemento sem apontar com o dedo? Uma das maneiras de fazer isso é descrever o elemento e indicar outros elementos que estão próximos a ele.

1 Observe a imagem e responda às questões abaixo.

Escolinha rural, pintura de Lucia Buccini, 2005.

a. O que as crianças ao lado da árvore repleta de frutos estão fazendo? _____

b. A cerca fica entre quais construções? _____

c. A moça de saia vermelha está na frente ou ao lado da escola?
_____

d. O que está acima do nome da escola? E abaixo do nome da escola? _____
_____

Agora já sei!

1 Observe as imagens abaixo e leia cada uma das legendas.

Iglu: uma casa feita de blocos de gelo. Ártico. Foto de 2014.

Moradia do cacique Aritana, no Parque Indígena do Xingu, Mato Grosso. Foto de 2012.

Casa tradicional japonesa, na ilha de Honshu, Japão. Foto de 2013.

Casa em árvore no Havaí, Estados Unidos. Foto de 2012.

■ Se você tivesse de escolher uma dessas moradias para conhecer, qual você escolheria? Por quê?

_____
_____

2 Recorte, de jornais e revistas, duas imagens de moradias no Brasil. Faça legendas, descrevendo cada moradia, e identifique onde elas se localizam. Depois, reúnam-se em grupos e produzam um cartaz sobre moradias no Brasil.

3 Crie com os colegas uma história coletiva com base no que aprenderam sobre moradia. Em uma única folha avulsa, cada um deve escrever uma frase para ser completada pelo colega seguinte. Depois, o professor anota a história no quadro de giz e todos leem em voz alta. Deem um título para o texto.

CAPÍTULO 2 — Os diferentes tipos de moradia

É muito comum usarmos a palavra **casa** para qualquer tipo de moradia. Mas há nomes apropriados para cada um dos tipos. Qual é o nome das casas que têm dois pavimentos? E como se chamam as moradias que se localizam em prédios?

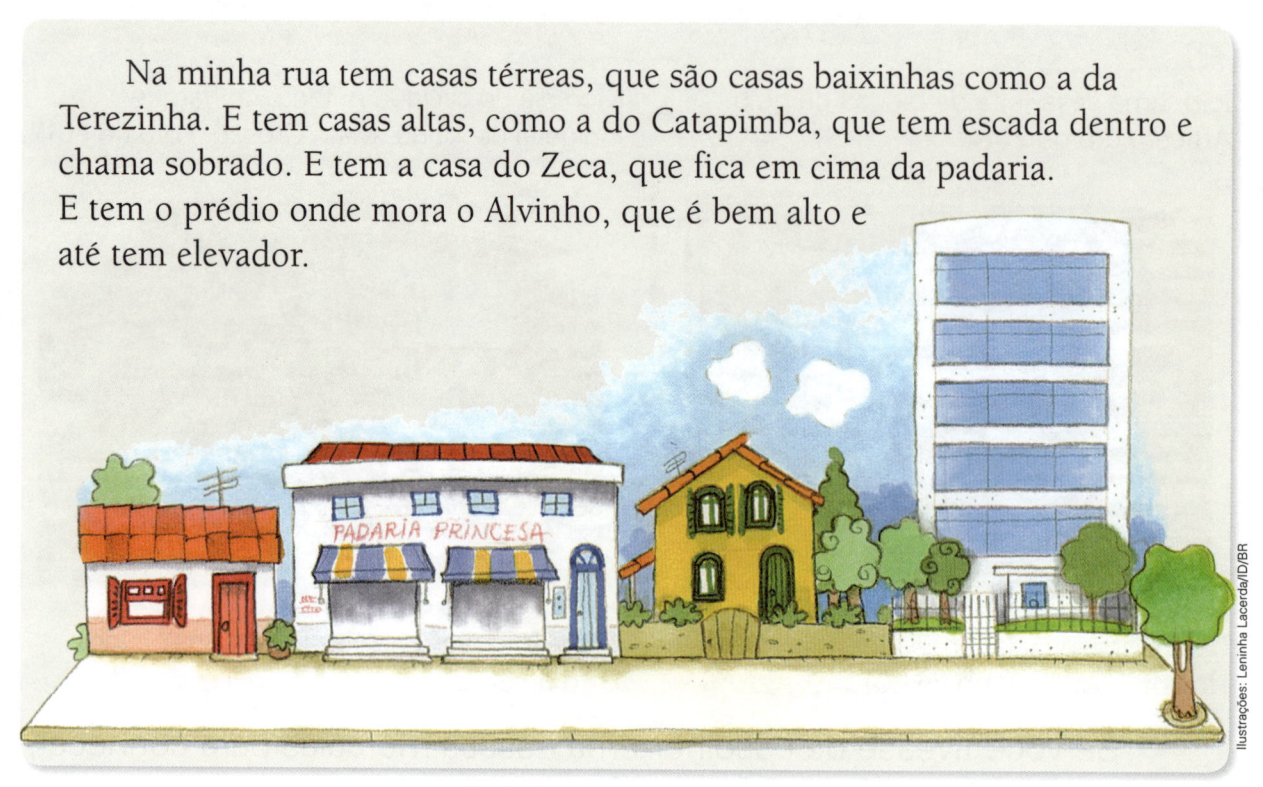

> Na minha rua tem casas térreas, que são casas baixinhas como a da Terezinha. E tem casas altas, como a do Catapimba, que tem escada dentro e chama sobrado. E tem a casa do Zeca, que fica em cima da padaria. E tem o prédio onde mora o Alvinho, que é bem alto e até tem elevador.

Ruth Rocha. *A rua do Marcelo*. São Paulo: Salamandra, 2001. p. 10.

1 De acordo com o texto, escreva o nome de cada uma das crianças em sua respectiva moradia.

Casas térreas, sobrados e apartamentos

Como vimos, existem diversos tipos de moradia. As moradias **térreas** possuem um único piso, que fica, em geral, no mesmo nível da rua. Há também os **sobrados**, que possuem dois ou mais pisos, em geral um no nível da rua e os outros acima dele. Existem, ainda, os prédios de **apartamentos**, com vários andares, onde podem viver diversos moradores.

1 Observe as imagens abaixo e escreva o tipo de moradia que cada uma representa.

sobrado casa térrea prédio de apartamentos

Monteiro, Paraíba. Foto de 2015.

São Luís, Maranhão. Foto de 2012.

Campo Grande, Mato Grosso do Sul. Foto de 2012.

O lugar e as moradias

Os tipos de moradia podem variar conforme sua localização. Em muitos casos, os materiais disponíveis no próprio lugar são aproveitados na construção da moradia. Em outros casos, é possível perceber como a moradia foi adaptada às condições de um lugar.

Moradia indígena dos Paresí, localizada na Aldeia Quatro Cachoeiras. Na construção dessa oca, foram utilizados materiais encontrados facilmente no lugar: palha e madeira. Campo Novo do Parecis, Mato Grosso. Foto de 2012.

Nos países onde neva, são comuns casas com telhados muito inclinados, como esta em Vinnitsy, na Rússia. Esse tipo de cobertura impede que grandes quantidades de neve se acumulem sobre as casas. Foto de 2015.

Também há moradias que não apresentam tanta influência do lugar, revelando principalmente o gosto dos ocupantes – que têm preferência por determinadas cores, por um estilo e por uma forma de disposição dos espaços.

Casa em Bento Gonçalves, Rio Grande do Sul. Foto de 2012.

As transformações no lugar

Os lugares se transformam com o passar do tempo. Isso acontece, por exemplo, quando as moradias são reformadas ou ficam muito velhas e precisam ser demolidas. Essas modificações contribuem para a transformação da paisagem.

Outras mudanças que podem ocorrer em um lugar são o surgimento de novas construções e o alargamento de ruas e estradas. Junto desse crescimento, podem aparecer alguns problemas: por exemplo, o ruído provocado pela grande circulação de veículos e a diminuição de áreas verdes.

1 Observe as fotos e converse com os colegas e o professor sobre as modificações ocorridas no lugar retratado ao longo de 122 anos.

Praia de Botafogo, no município do Rio de Janeiro, em 1890.

Praia de Botafogo, no município do Rio de Janeiro, em 2012.

2 Morar em apartamento exige que as pessoas tenham bastante cuidado para não incomodar ou atrapalhar os outros, pois as moradias são muito próximas.

a. Você mora ou conhece alguém que more em apartamento? Que problemas podem ocorrer entre vizinhos de apartamento? Converse com os colegas.

b. Observe a ilustração e circule os números dos apartamentos em que é possível ver situações que podem causar problemas entre vizinhos.

- Agora indique:

  ☐ o número do apartamento de quem está sendo incomodado pelo vizinho de cima.

  ☐ o número do apartamento de quem está incomodando o vizinho ao lado.

c. Compare sua resposta com a dos colegas e converse com eles sobre as maneiras de solucionar os problemas apontados no item **b**.

46 quarenta e seis

Agora já sei!

1 Observe atentamente as duas fotos.

Centro Cultural Correios, no centro histórico de Recife, Pernambuco, em 2013.

Edifício World Business, em Curitiba, Paraná, em 2013.

a. Qual desses edifícios é mais antigo? _____

b. Como você chegou a essa conclusão? _____

_____

2 Observe as pinturas abaixo e converse com os colegas.

Zona Sul, pintura de Cristiano Sidoti, 2012.

Caminhão de frutas, pintura de Luciana Mariano, 2010.

a. Quais diferenças você percebe entre os tipos de moradia retratados nessas pinturas?

b. Entre dois lugares parecidos com os retratados acima, qual teria mais habitantes?

c. Como você chegou à conclusão da alternativa **b**?

CAPÍTULO 3 — A construção das moradias

1. Leia o texto a seguir. Depois, responda às questões.

> É provável que árvores e arbustos tenham fornecido os primeiros materiais para as construções humanas: galhos, troncos e folhas. Em seguida, vieram as peles de animais e, depois, as pedras e os tijolos, muito mais sólidos.
>
> Em nosso país, há casas muito diversificadas, a exemplo das ocas dos indígenas, das moradias de pau a pique e das palafitas – típicas das áreas sujeitas a inundações ou dos lugares pantanosos.

Nas cidades, predominam as construções de alvenaria e materiais como cimento, areia, cal, ferro, telhas, tijolos, entre outros. Costa Rica, Mato Grosso do Sul, 2014.

Texto para fins didáticos.

a. Quais materiais de construção você consegue identificar na foto acima?

_____

_____

b. Quais outros materiais poderão ser utilizados nessa moradia? Converse com a turma.

Os materiais usados nas construções

Como vimos, as moradias podem ser feitas com tijolo, barro, madeira, vidro e vários outros materiais. Alguns deles são obtidos da natureza e utilizados diretamente nas construções. Outros são produzidos através da transformação de materiais extraídos da natureza. Observe alguns exemplos a seguir.

O tijolo é produzido com barro.

A madeira é obtida do corte de árvores.

O vidro é produzido com areia.

1 De que materiais é feita sua moradia? E as moradias dos colegas? Converse com a turma e façam uma lista coletiva de todos os materiais citados.

Quem faz as moradias

Dependendo dos materiais usados na construção de uma moradia, ela pode ser erguida por uma só pessoa ou por um grupo de pessoas. Para que uma casa seja bem construída, o ideal, na maioria das vezes, é haver uma equipe de profissionais preparados para executar as várias etapas da obra: criar o projeto, preparar o terreno, construir paredes, colocar canos e fiação elétrica, cobrir o telhado, pintar.

1 Observe, na cena abaixo, alguns profissionais que trabalham na construção de uma moradia. Leia e complete as frases com os nomes correspondentes.

a. _____, o pedreiro, tem a sua frente uma pilha de tijolos.

b. _____, o eletricista, encontra-se próximo de um rolo de fio.

c. _____, o pintor, tem uma lata de tinta a sua frente.

d. _____, o mestre de obras, analisa a planta da construção.

e. A engenheira _____ conversa com o encanador _____.

2 Repare que, na ilustração, todos estão usando capacete e sapatos de segurança. João ainda está usando luvas e óculos, e Aldo está usando máscara e luvas. Por que o uso desses equipamentos é necessário?

Representações

Trajetos

1 Observe a ilustração da ilha e os símbolos a seguir.

- Agora, assinale a alternativa com o trajeto correto.

  a. Para chegar até o farol, a personagem deve:

  ☐ virar à esquerda e seguir em frente.

  ☐ seguir sempre em frente, virar à direita e depois virar à esquerda.

  b. Para chegar até o vulcão, a personagem deve:

  ☐ seguir sempre em frente, virar à esquerda e, em seguida, virar à direita.

  ☐ virar à esquerda, seguir sempre em frente e depois virar à direita.

2 Que caminho a personagem deve fazer para chegar até a lagoa?

_____

Agora já sei!

1 Leia este trecho sobre os Karajá, povo indígena que vive em aldeias nos estados de Tocantins e Mato Grosso. Depois, responda às questões.

> [...] Os Karajá constroem sua casa obedecendo a alguns elementos fundamentais de sua cultura. [...] Por isso a casa tem que ser construída com a frente voltada para o rio.
> [...]
> [...] Todos os homens Karajá aprendem a construir. Fazem a casa grande em mutirão que reúne os integrantes da família extensa.
> [...] O material utilizado na construção das casas é, quase sempre, o mesmo [...]. São usados cipós para a amarração dos caibros que farão a sustentação das casas, que depois são cobertas com palhas de palmeiras [...].

Caibro: peça de madeira.

Daniel Munduruku. *Coisas de índio*. São Paulo: Callis, 2000. p. 40 e 42.

a. Observe os materiais do quadro. Escreva apenas o nome dos materiais utilizados na construção das moradias dos Karajá.

_____

b. Assinale a frase **correta** sobre os materiais usados nas moradias dos Karajá.

☐ Esses materiais são obtidos diretamente da natureza.

☐ Esses materiais são produzidos pelos povos indígenas.

Vamos fazer!

A representação de uma casa

Tudo pode ser visto de diferentes pontos de vista: objetos, pessoas, construções. Você e os colegas vão fazer a representação de uma casa e observá-la de modos diferentes.

Do que vocês vão precisar

- lápis de cor
- cola
- tesoura sem ponta
- caixa de sapato com tampa

Como fazer

1. Forme um grupo com mais dois colegas.
2. Para representar as paredes da casa, desenhem janelas e portas nas laterais da caixa de sapato e pintem com as cores que preferirem.
3. Pintem a tampa da caixa de sapato e usem-na para fazer o telhado da casa.
4. O grupo deverá fazer uma casa para cada integrante.

Observações e registro

Situação **1**: Coloquem as casas sobre uma carteira e observem a parte lateral delas.

Situação **2**: Coloquem as casas no chão, olhando-as de cima.

- Agora, conversem sobre os detalhes das casas que conseguiram observar nessas duas situações e anotem as conclusões.

Situação **1**: _____

_____

Situação **2**: _____

_____

O que aprendi?

1 Leia o texto de cada balão e escreva o nome da profissão da personagem, de acordo com o quadro abaixo.

| encanador | pintor | pedreira | engenheira |

Maíra: TRABALHO NA CONSTRUÇÃO DE CASAS. ERGO PAREDES, COLOCO TELHADOS, ASSENTO PISOS E AZULEJOS.

Carlos: AS TINTAS E AS DIVERSAS CORES FAZEM PARTE DO MEU TRABALHO. EU FAÇO A PINTURA DE PAREDES, DE PORTAS E DE JANELAS.

Pedro: NO MEU TRABALHO, EU INSTALO ENCANAMENTOS, CONSERTO VAZAMENTOS, COLOCO PIAS E PEÇAS SANITÁRIAS.

Diana: UMA DAS MINHAS ATIVIDADES É FAZER PLANEJAMENTO DA CONSTRUÇÃO DE MORADIAS.

2 Complete as frases com os nomes dos tipos de moradia.

a. Moradias com dois ou mais andares, em geral um no nível da rua e os outros acima dele, chamam-se _____.

b. Os _____ localizam-se em prédios. Os prédios podem ter vários andares e abrigar um grande número de moradores.

c. As _____ são moradias que possuem um único piso, que fica, geralmente, no mesmo nível da rua.

3 Há pessoas que moram perto de praças, parques ou matas. Nesses lugares, elas podem passear e observar animais. Veja a ilustração abaixo e, em seguida, responda às questões.

a. Que animal é maior? O cisne ou o pato? _____

b. Que animal está mais perto da mulher de vestido vermelho? _____

c. Que animal está mais longe de todas as pessoas? _____

d. Quem está entre a mulher de vestido vermelho e a menina de vestido branco? _____

e. Quem está ao lado da menina de saia verde? _____

f. O que está acima da menina de blusa roxa? _____

g. O que está abaixo do coqueiro? _____

h. A menina de vestido branco quer ver o tucano. Ela deve voltar ou seguir em frente? _____

UNIDADE 3

Escolas

A escola é o lugar onde estudamos. É também onde convivemos com várias pessoas e trocamos experiências. Todas as crianças têm o direito de aprender: para buscar ser uma pessoa melhor e para poder entender e transformar o mundo.

- Descreva a ilustração ao lado. O que mais chama sua atenção?

- Quem são as pessoas que trabalham em sua escola? O que cada uma faz?

- Que roupas você costuma usar para ir à escola? Que materiais costuma levar?

- Que atividades são feitas em sua escola?

- Observe o conjunto de adesivos nas páginas 109 a 111. Quais personagens estão adequados ao lugar representado ao lado? Componha a cena com eles.

ESCOLA

SECRETARIA

CAPÍTULO 1

Escola, um espaço de vivência

A escola é um lugar de estudo e de aprendizagem. É também onde passamos grande parte do dia, onde nos relacionamos com diferentes pessoas e fazemos amigos.

Por isso, na escola, além de aprender a ler e a escrever, a fazer contas e a conhecer o mundo de hoje e de ontem, aprendemos a conviver com as pessoas, a respeitá-las e a ser alguém cada vez melhor. Leia o texto abaixo.

> A Lucinha é minha melhor amiga. Mas ela tem ciúmes da mochila, do caderno, dos desenhos, dos lápis, do estojo, de mim quando eu converso com o André e do André quando ele brinca com a Paula.
>
> A Laura, que é a professora, pediu pra gente desenhar os melhores amigos. Eu desenhei: [...] Todo mundo do mesmo tamanho.
>
> Mas a Lucinha ficou irada. Correu pra minha mesa, pegou meu desenho, rabiscou inteiro, depois rasgou, picou e jogou no lixo. Isso porque, no desenho dela, eu era a principal. E no desenho do André, a Paula era a principal. E, no desenho da Paula, a principal era ela mesma. A Laura tinha saído para pegar tinta. Toda a classe veio me defender.

Heloísa Prieto. *A vida é um palco*. Ilustrações de Janaína Tokitaka. São Paulo: Edições SM, 2006. s. p. (Coleção Barco a Vapor).

1 Converse com a turma sobre as questões a seguir.

a. Que atividade a professora Laura pediu que os alunos fizessem?

b. Por que Lucinha ficou irada?

c. O que Lucinha pode aprender com as pessoas na escola?

d. Em sua opinião, nos momentos de brincadeira na escola, podemos aprender a conviver melhor com os colegas?

A comunidade escolar

A comunidade escolar é formada por alunos, professores, funcionários e famílias. Em cada escola essa comunidade é diferente.

Espalhadas pelo mundo, há escolas em que o uso de uniforme é obrigatório. E existem escolas em que as crianças estudam o dia inteiro. Em algumas, há aulas de música, de natação, entre outras.

Há escolas com mais recursos e outras com menos. Com muitos ou com poucos funcionários. O mais importante é que toda escola tenha espaços adequados para que as crianças possam estudar e aprender e tenha atividades que também envolvam as famílias.

1 Observe as fotos e leia as legendas com ajuda do professor. Converse com a turma para responder às questões.

Crianças do Movimento dos Trabalhadores Rurais Sem Terra (MST) estudam em escola coberta por lona. Eunápolis, Bahia, 2012.

Na Escola Municipal Nova Esperança, os alunos usam *laptops* para acessar a internet e estudar. Piraí, Rio de Janeiro, 2012.

No refeitório dessa escola, alunos e professores almoçam juntos. Kansas, Estados Unidos, 2012.

Alunos fazem *performance* com bonecos sobre desastres ambientais em uma praça do Brooklyn, Estados Unidos. Foto de 2012.

Turma realiza tarefa em aula de uma escola pública em El-Giza, Egito, 2014.

Duas alunas e a professora usam um robô em sala de aula. Berlim, Alemanha, 2012.

Alunos têm aula de música em uma escola de Bangkok, Tailândia, 2013.

Essa escola tem 338 alunos e apenas quatro professores. Forobaranga, Sudão, 2013.

a. O que você imagina que os alunos estão aprendendo em cada foto? Explique.

b. Em sua opinião, que regras e combinados foram criados para esses espaços escolares? Por quê?

Convivência e respeito

Em todos os locais de convivência, é fundamental que as pessoas se respeitem, agindo sempre com educação. Na escola, por exemplo, todos os alunos, professores e funcionários devem ser respeitados.

2 Observe as situações abaixo.

- Agora, converse com um colega a respeito do que vocês observaram nas cenas. Na opinião da dupla, como as pessoas deveriam agir em cada uma dessas situações? Registre as conclusões nas linhas a seguir.

_____
_____
_____

Os vizinhos da escola

Uma vizinhança pode ser formada por residências, clubes, associações de bairro ou de moradores, produtores locais, empresas, bancos, indústrias, lojas, padarias, bibliotecas, livrarias, teatros, cinemas, entre outros.

Os vizinhos formam a comunidade local. A participação de todos ajuda na educação das crianças e na realização de projetos da escola.

1 Observe as fotos e leia as legendas com ajuda do professor.

A escola Barão do Rio Branco, em Blumenau, Santa Catarina, comemorou 60 anos com um passeio ciclístico aberto à comunidade. Foto de 2012.

Em Joinville, Santa Catarina, um morador ensina os alunos a cuidar da horta da escola. As crianças aprendem a preparar as mudas e a cultivar os canteiros. Foto de 2013.

Com a participação de alunos, dos professores e de toda a comunidade local, essa escola de Caconde, São Paulo, realiza festa junina em uma praça no centro da cidade. Foto de 2012.

■ Que projetos e eventos foram realizados recentemente com a participação da vizinhança de sua escola?

_____

_____

62 sessenta e dois

Agora já sei!

1 Leia com o professor o trecho de uma reportagem. Depois, responda às questões.

> Um colégio em Kansas City, nos EUA [Estados Unidos], resolveu inovar [...]. Alguns educadores estão utilizando cachorros para ensinar às crianças que não é legal maltratar o coleguinha.
>
> Segundo os professores, as crianças se identificam com os cães. Assim, elas acabam percebendo que a dor de um colega pode ser comparada com a dor de um bicho de estimação. E ninguém quer maltratar um cachorro, né?
>
> Nas aulas, os cães ajudam a passar lições de amor, respeito e compaixão aos alunos, que aprendem a ficar mais responsáveis.
>
> [...]

Escolas dos EUA usam cachorros para combater *bullying*. *Folha de S.Paulo*, São Paulo, 3 nov. 2011. Suplemento infantil Folhinha. Disponível em: <http://linkte.me/pjlpr>. Acesso em: 7 abr. 2016.

a. De acordo com o texto, que inovação aconteceu no colégio?

_____

_____

b. O que as crianças aprendem nessas novas aulas?

_____

_____

c. Você conhece outras histórias parecidas com essa? Quais?

_____

_____

2 Observe a foto e leia a legenda. Depois, discuta com a turma a questão a seguir.

Em Moçambique, o português também é a língua ensinada nas escolas. As crianças praticam esportes durante o intervalo na quadra de basquete dessa escola recém-construída em Pemba, obra de um projeto de ajuda a Moçambique desenvolvido pela China. Foto de 2015.

■ O que existe de comum e de diferente entre essa escola e a sua?

CAPÍTULO 2 — O espaço da escola

A reportagem a seguir informa sobre um evento que aconteceu em uma escola pública no município de Arembepe, na Bahia. Leia para saber mais.

A cobertura da quadra esportiva e os novos vestiários da Escola Municipal Giltônia Pereira De Souza, em Arembepe, serão entregues à população hoje, terça-feira (13/01/2015). Às 8h30, será realizado um café com a comunidade e em seguida os novos equipamentos serão inaugurados.

[...] a cobertura da quadra possui estrutura metálica em formato de arco. Além disso, a Prefeitura recuperou o piso, colocou um novo **alambrado** e construiu um depósito para material esportivo.

Alambrado: cerca feita com fios de arame.

Gonçalo Lessa. Escola inaugura cobertura de quadra. *Correio Regional*, 13 jan. 2015. Disponível em: <http://linkte.me/na9ua>. Acesso em: 28 abr. 2016.

1 Que evento aconteceu na Escola Municipal Giltônia Pereira de Souza em janeiro de 2015?

_____

2 Em sua opinião, por que esse espaço da escola foi transformado?

_____

3 Assinale os espaços abaixo que existem na escola onde estuda.

- ☐ quadra
- ☐ cantina
- ☐ pátio
- ☐ banheiros
- ☐ diretoria
- ☐ biblioteca
- ☐ sala de informática
- ☐ salas de aula
- ☐ sala dos professores

As dependências da escola

Os diversos espaços da escola, utilizados tanto pelos alunos como pelos funcionários, são chamados **dependências**. O ideal é que em cada dependência haja equipamentos e espaço suficientes para a realização das atividades nela desenvolvidas.

1 Observe as dependências da escola representada acima e escreva o nome de cada uma delas no espaço correspondente.

a. _____   b. _____   c. _____

d. _____   e. _____

2 Descubra uma situação inadequada na ilustração. Em que dependência ela ocorre e como poderia ser evitada?

sessenta e cinco 65

A diversidade de escolas

Algumas escolas estão localizadas em aldeias indígenas, outras se encontram em propriedades rurais. Há também escolas que ficam em bairros movimentados de grandes cidades.

As escolas podem ser feitas de tijolos, de madeira, de palha, podem ser grandes ou pequenas, ter muitos ou poucos alunos. O importante é que toda escola deve ser um bom lugar para estudar.

1 Observe as imagens abaixo e converse com os colegas: Quais destas dependências vocês gostariam que fizessem parte da escola onde estudam? Por quê?

A Município de São Paulo. Foto de 2012.

B Buíque, Pernambuco. Foto de 2013.

C Tamboril, Ceará. Foto de 2013.

D Natal, Rio Grande do Norte. Foto de 2016.

E Amambai, Mato Grosso do Sul. Foto de 2012.

F Município de São Paulo. Foto de 2014.

G Tamboril, Ceará. Foto de 2013.

H Salvador, Bahia. Foto de 2013.

I Arapiraca, Alagoas. Foto de 2013.

A sala de aula

A sala de aula é a dependência da escola onde você passa grande parte do tempo, aprendendo com o professor e os colegas.

Apesar das diferenças entre as salas de aula, nelas costuma haver carteiras, mesa, armário, quadro de giz e cesto de lixo.

A organização dos objetos dentro de uma sala de aula deve atender às necessidades de todos os alunos. Assim, as carteiras podem ser distribuídas em fileiras para atividades individuais, em círculos para uma conversa com toda a turma ou de outras maneiras.

2 Das salas de aula representadas abaixo, qual é a mais parecida com a sua? O que há de semelhante e de diferente entre elas?

A) Brasília, Distrito Federal. Foto de 2014.

B) Além Paraíba, Minas Gerais. Foto de 2014.

C) Lençóis, Bahia. Foto de 2014.

D) Belterra, Pará. Foto de 2014.

sessenta e sete **67**

Representações

Diferentes tipos de visão

O que há de diferente entre essas duas imagens de cadeira?

A

B

As duas imagens representam a mesma cadeira. Porém, essa cadeira foi fotografada de dois **pontos de vista** diferentes. Será que você já observou objetos desses dois pontos de vista?

Veja dois objetos representados do mesmo ponto de vista.

C

D

Aqui, tanto a mesa como o cesto de lixo foram fotografados do mesmo ponto de vista que a cadeira da imagem **A**.

■ Complete corretamente a frase a seguir, utilizando um elemento de cada quadro.

| diferentes   idênticos | A   B |

Nas imagens abaixo, a mesa e o cesto de lixo foram fotografados de pontos de vista _____, que são o mesmo da cadeira representada na imagem _____.

Agora já sei!

1 Utilize os nomes das dependências de uma escola que estão no quadro abaixo e complete a história.

| sala de aula | diretoria | biblioteca | sala dos professores |
| quadra de esportes | sala de informática | secretaria |

Faltando 10 minutos para se dirigir à _____ do 2º ano, o professor Cléber foi buscar alguns materiais em seu armário na _____ e devolver um livro que havia pego na _____. Ele se lembrou, então, de que precisava falar com a dona Marli, a diretora, e foi até a _____. Depois, passou na _____ para falar com Ismael, o professor de Educação Física, sobre uma atividade que fariam em conjunto. Por fim, ele ainda foi à _____ para reservar a _____, para que seus alunos pudessem realizar uma pesquisa na internet.

2 Observe com atenção os dois objetos representados nas imagens abaixo.

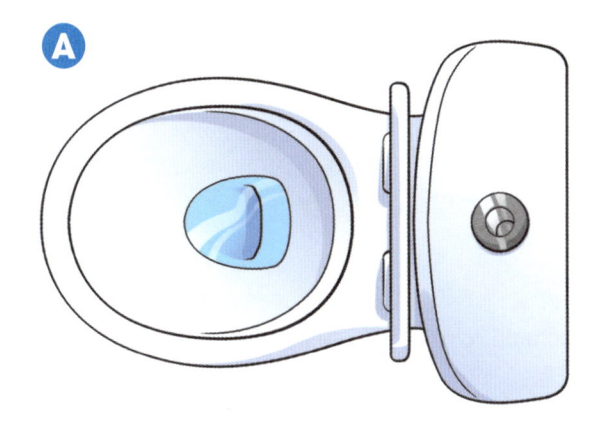

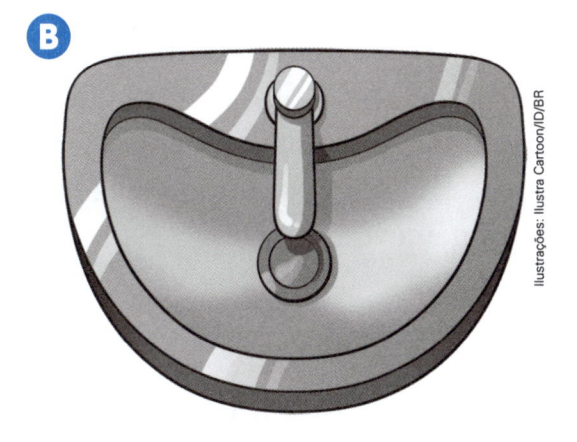

A

B

Ilustrações: Ilustra Cartoon/ID/BR

■ Que objetos são esses? Eles podem fazer parte de qual dependência de uma escola? Como você chegou a essa conclusão?

_____
_____
_____

CAPÍTULO 3 — As atividades na escola

Você se lembra de como foi seu primeiro dia na escola? A escritora Ana Maria Machado nos conta sobre a experiência de João. Leia o texto a seguir.

[...] numa segunda-feira começaram as aulas.

Ele nunca tinha ido à escola e estava louco para ver como era. E depois contar aos amigos.

Por isso, quando saiu de casa na segunda-feira e encontrou na rua o cachorro do vizinho, convidou:

– Totó, hoje eu não posso brincar com você porque vou para a escola. Mas você não quer ir lá em casa um dia conversar e jogar bola?

O cachorro respondeu:

– Au, au! (que às vezes quer dizer "vou, sim, um dia desses eu vou", em cachorrês).

E lá se foi João, todo feliz, para a escola pela primeira vez.

Ana Maria Machado. *Um dia desses...* São Paulo: Ática, 2001. s. p.

1 João estava todo feliz em seu primeiro dia de escola. E você, como estava quando foi à escola pela primeira vez? Converse com a turma.

2 O que você mais gosta de fazer na escola? Por quê?

O que se aprende na escola

Um dos espaços de aprendizagem mais importantes na vida de uma pessoa é a escola. As atividades de leitura e de escrita, de raciocínio e de reflexão vão possibilitar a essa pessoa continuar aprendendo fora da escola, e durante toda a vida.

Além de assuntos gerais, os professores podem trabalhar conhecimentos que permitem aos alunos entender melhor o lugar em que vivem e a atuar nele de maneira positiva.

+ SAIBA MAIS

Na escola, aprendemos sobre o lugar onde vivemos e também sobre lugares e modos de vida diferentes dos nossos. Nas escolas indígenas, por exemplo, é comum o ensino da leitura e da escrita da língua falada na aldeia, da língua portuguesa e de aspectos da vida nas cidades.

1 Observe as imagens e leia a legenda abaixo.

Nessa escola do povo indígena Kuikuro, as crianças aprendem a ler e a escrever em português e na língua kuikuro. Veja o quadro de giz com anotações de uma aula nessa escola. Parque Indígena do Xingu, Mato Grosso, em 2012.

■ Agora, com um colega, escreva uma lista do que vocês aprendem na escola.

_____
_____
_____

O uso das dependências

A sala de aula é, provavelmente, o espaço da escola onde você e os colegas passam mais tempo. Em geral, as salas, como outras dependências da escola, são utilizadas por mais de uma turma.

Por isso, todos os alunos e funcionários devem manter a escola limpa e bem conservada. Além disso, todos precisam cuidar para que o espaço escolar seja acolhedor e seguro. Dessa maneira, todas as pessoas, crianças e adultos, vão se sentir bem na escola.

1 Com os colegas e o professor, dê uma volta na escola e observe com atenção todas as dependências dela.

2 Em dupla, escolham um dos lugares que vocês visitaram. Pode ser a horta, o parquinho, algum corredor, a cantina, os banheiros, o refeitório ou outro lugar. Depois, respondam às questões em uma folha avulsa.

- **a.** Esse lugar está limpo? Quem trabalha nesse espaço? O que essa pessoa faz?
- **b.** Se houver paredes, de que cor elas estão pintadas?
- **c.** O ambiente é claro ou escuro? É bem iluminado?
- **d.** Como é o piso? É escorregadio ou não?
- **e.** Existe bebedouro no local ou próximo a ele?
- **f.** Há extintor de incêndio?
- **g.** O lugar tem cestos de lixo?
- **h.** Há algum tipo de adaptação para facilitar o acesso de alunos com deficiência?
- **i.** Que outras coisas há no lugar escolhido?

3 Agora, apresentem as respostas da atividade **2** para a turma. Conversem com os colegas e o professor sobre o que poderia ser feito para melhorar esse lugar.

▪ Atividades fora da sala de aula

Nem todas as atividades escolares ocorrem na sala de aula. As atividades que exigem movimentação, por exemplo, precisam de locais apropriados: sem móveis que atrapalhem o deslocamento ou que possam provocar acidentes. Por essa razão, em geral, elas são realizadas na quadra, no pátio ou em uma área gramada da escola.

Já a leitura de uma história pode ser mais agradável se for realizada em local confortável. Por isso, é comum algumas bibliotecas possuírem espaços com pufes e almofadas para acomodar os alunos durante a leitura.

4 Que outras atividades precisam ou podem ser realizadas fora da sala de aula? Em qual dependência da escola? Converse com a turma sobre a importância de realizar parte das atividades escolares fora da sala de aula.

O que fazem os funcionários da escola?

Muitas pessoas trabalham na escola para que as diversas atividades possam ser realizadas. Cada uma dessas pessoas tem determinadas funções, e todas são muito importantes para o bom funcionamento da escola.

1 Observe estas fotos de pessoas que trabalham em escolas. Em seguida, relacione o nome da profissão e as funções exercidas por essas pessoas à foto correspondente.

A — Itaporã, Mato Grosso do Sul, 2013.

B — Itaporã, Mato Grosso do Sul, 2013.

C — Aldeia Kuikuro, Gaúcha do Norte, Mato Grosso, 2012.

D — Município de São Paulo, 2012.

Secretário: cuida das matrículas e dos documentos dos alunos.	Foto _____
Diretor: organiza as atividades de toda a escola e discute questões com pais, alunos e professores.	Foto _____
Faxineiro: trabalha na limpeza da escola.	Foto _____
Professor: prepara as aulas, explica a matéria e ajuda os alunos a aprender.	Foto _____

Representações

Disposição dos elementos e legenda

Para representar com precisão determinado lugar, é necessário ter cuidados especiais.

Um desses cuidados deve ser o respeito à real **disposição** dos elementos. Isso quer dizer que a localização e a posição de cada objeto no espaço devem ser mantidas na representação.

Se as janelas se encontram do lado esquerdo das carteiras dos alunos em uma sala de aula, ao desenhar essa sala de aula, as janelas também precisam ser representadas do lado esquerdo das carteiras dos alunos.

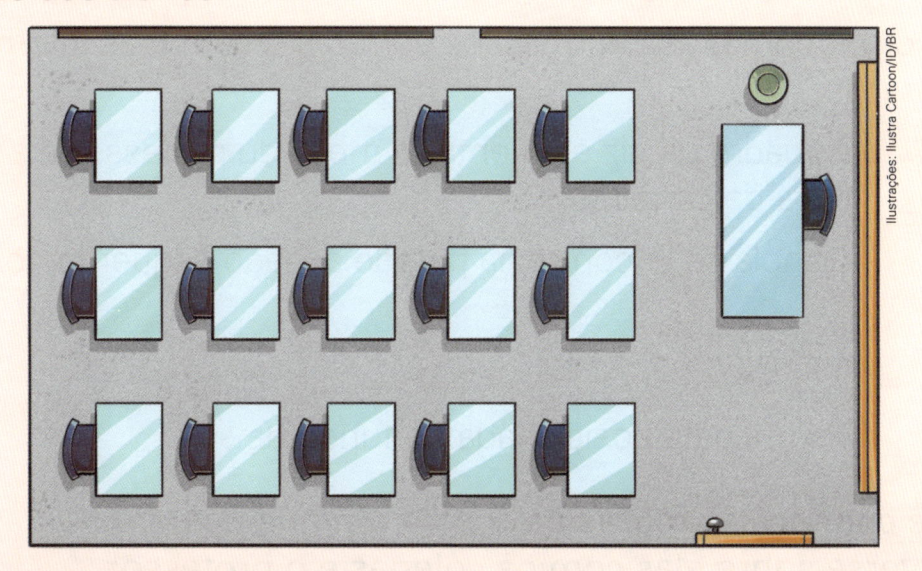

Também é necessário garantir a identificação dos elementos que estão sendo representados, por exemplo, a mesa do professor. É para isso que serve a **legenda**, para indicar o significado de cada elemento de uma representação.

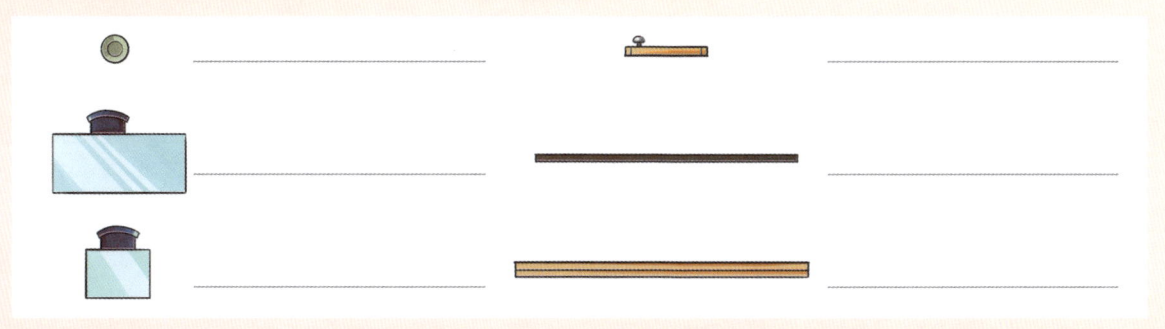

- Observe a imagem e complete a legenda. Depois, em uma folha avulsa, faça um desenho de sua sala de aula e crie uma legenda para explicar cada elemento do desenho.

Agora já sei!

1 Identifique a disposição de cada objeto na representação da sala de aula abaixo, utilizando a legenda. Depois, faça o que se pede.

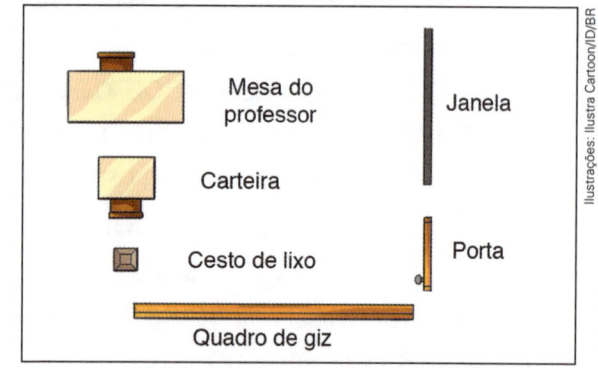

- Indique com **C** as informações corretas e com **E** as informações erradas.

☐ O quadro de giz está entre a mesa do professor e a primeira fileira de carteiras.

☐ A janela se encontra na parede ao lado esquerdo dos alunos.

☐ O cesto de lixo está atrás da porta.

☐ A porta está posicionada no fundo da sala.

2 Você conhece as regras da escola em que estuda? Converse sobre elas com os colegas e o professor.

- Agora, registre essas regras nas linhas abaixo.

_____
_____
_____
_____
_____
_____
_____
_____

Vamos fazer!

A miniatura da sala

A sua sala de aula também pode ser representada em uma **maquete** – que é uma representação de objetos ou lugares feita em tamanho reduzido, utilizando materiais variados.

Os elementos de um lugar representados em uma maquete devem respeitar a disposição original.

Agora, você e seu grupo vão fazer uma maquete da sala de aula onde estudam.

Do que vocês vão precisar

- Para representar as paredes e o chão da sala, utilizem uma caixa grande de papelão.
- Para representar as carteiras, o quadro de giz, a mesa do professor e outros móveis e objetos, usem palitos de sorvete, tampinhas de garrafa, papel, caixas pequenas (como caixas vazias de fósforos, de balas e de doces), potes de iogurte e outros objetos que sua imaginação inventar.
- Providenciem também lápis de cor, tinta guache, tesoura sem ponta e cola.

Como fazer

1. Observem tudo o que existe na sala de aula, em que quantidade e em qual localização. Anotem essas informações em uma folha avulsa.

2. Escolham os materiais para representar a sala, os móveis e os objetos. Primeiro, montem as paredes e o chão. Depois, acrescentem os móveis e os objetos, partindo do quadro de giz até chegar ao fundo da sala.

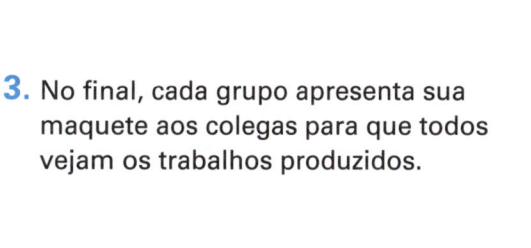

3. No final, cada grupo apresenta sua maquete aos colegas para que todos vejam os trabalhos produzidos.

O que aprendi?

1 Observe a cena abaixo.

- Converse com os colegas e o professor: Na opinião de vocês, todas as crianças representadas na cena estão tendo o direito de estudar e aprender respeitado?

2 As imagens abaixo representam a mesma casa, de dois pontos de vista diferentes. Observe com atenção.

A

B

- Agora, descreva os detalhes da casa que podem ser observados em cada imagem.

Imagem **A**:

_____

_____

Imagem **B**:

_____

3 Veja abaixo a representação de uma sala de aula. Leia as pistas e escreva na linha o nome do aluno de quem estamos falando.

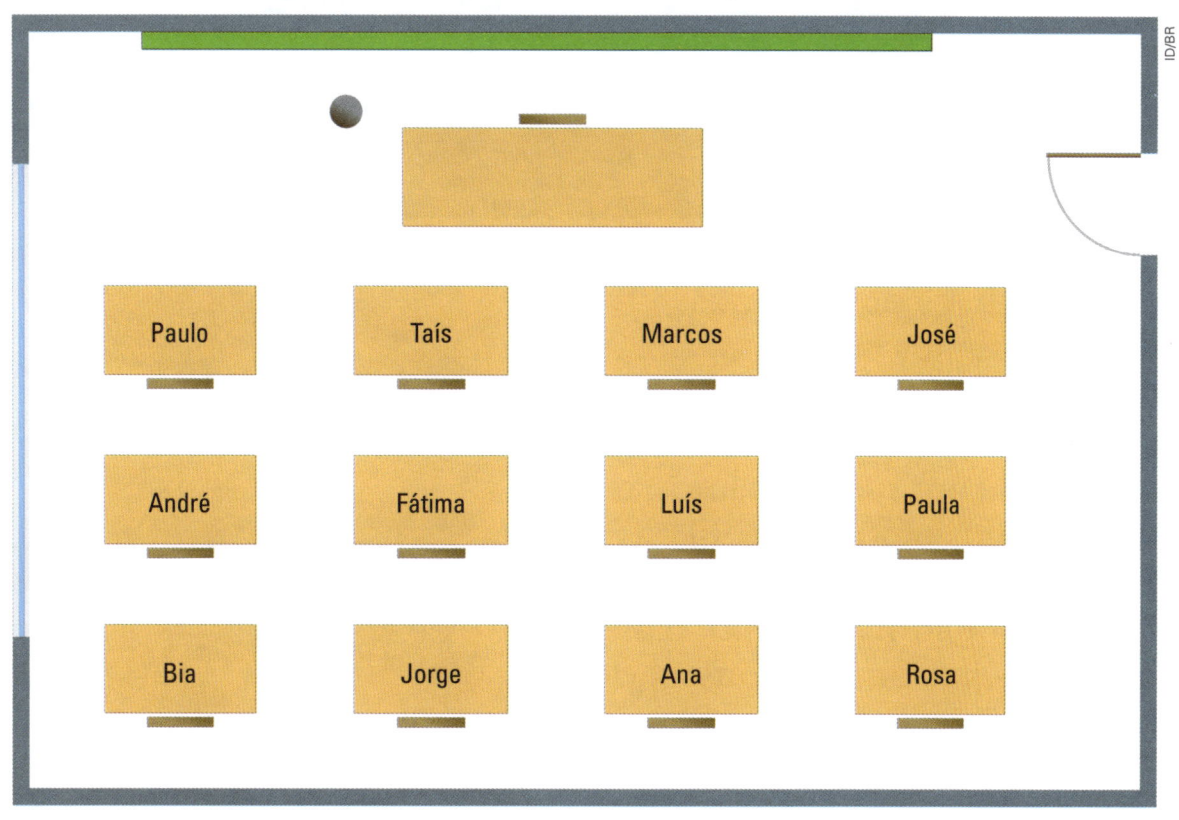

Paulo	Taís	Marcos	José
André	Fátima	Luís	Paula
Bia	Jorge	Ana	Rosa

a. Todos os dias, quando chega, ele senta-se à esquerda de Paula. Quem é ele? _____

b. Hoje ela esqueceu a borracha e pediu emprestada a Jorge, que está a sua direita. De quem estamos falando? _____

c. A professora pediu a Ana que forme dupla com o aluno que está mais perto da porta. Qual é o nome dele? _____

d. Ele costumava se sentar no fundo da sala, mas mudou de lugar para poder enxergar melhor as anotações no quadro de giz. Agora, está sentado à direita de Taís. _____

4 Assinale as alternativas que melhor definem **escola**.

☐ A escola é um lugar de estudo e de aprendizagem.
☐ Todas as escolas possuem as mesmas dependências.
☐ Na escola aprendemos a conviver e respeitar diferentes pessoas.
☐ Todas as atividades escolares ocorrem na sala de aula.

UNIDADE 4
Ruas e bairros

Os moradores das cidades utilizam as ruas para se deslocar para vários destinos: escola, trabalho, mercado. Na rua onde moram ou nas ruas próximas, as pessoas costumam encontrar vizinhos e conhecidos que também moram no bairro, além de ver muitas pessoas passando em direção a outros locais.

- Observe a ilustração ao lado. Como são as construções representadas?

- O que as pessoas retratadas estão fazendo? Você acha que elas moram nesse local? Será que elas se conhecem?

- As pessoas que vão atravessar a rua estão tendo cuidado? Por quê?

- Encontre na cena uma situação inadequada e assinale-a com um **X**.

- O que pode ser feito para solucionar esse tipo de problema?

Saber Ser

PADARIA

81

CAPÍTULO 1 — As ruas

A **rua** é um espaço de vivência, mas também uma via de circulação. Por ela se deslocam pedestres e veículos (motocicletas, carros, ônibus, caminhões). Para se locomover com segurança, os pedestres devem usar as calçadas.

As ruas não são todas iguais. Por exemplo, uma rua com muitas árvores é conhecida como **alameda**. Uma rua curta e estreita pode ser chamada de **viela**. Já a **avenida** é uma via de circulação mais larga do que a rua.

1 Observe a foto e depois converse com a turma sobre as questões abaixo.

Local conhecido como "Os quatro cantos", em Olinda, Pernambuco. Foto de 2015.

a. Como são as moradias? E as ruas e calçadas? Que detalhes mais chamam sua atenção?

b. Em sua opinião, essas ruas estão localizadas em uma parte moderna ou tradicional da cidade? Por quê?

c. Onde você mora, há elementos e características semelhantes aos da imagem apresentada?

A ligação entre as ruas

O local onde duas ruas ou avenidas se cruzam recebe o nome de **cruzamento**. Cada canto formado pelo encontro de duas vias recebe o nome de **esquina**. As ruas também delimitam o **quarteirão**, que é o terreno situado, geralmente, entre quatro ruas.

1 A imagem a seguir é um instrumento muito útil. Nela, conseguimos visualizar a disposição das vias de circulação e é mais fácil planejar um trajeto a ser percorrido. Observe-a atentamente e, depois, faça as atividades propostas.

Imagem de satélite de Prudentópolis, Paraná, 2014.

a. Marque em vermelho um cruzamento.

b. Marque em verde uma esquina.

c. Contorne em amarelo um quarteirão.

d. Trace em azul um trajeto entre os pontos **A** e **B**.

oitenta e três

As diferentes ruas

Em cada lugar, as ruas apresentam diferentes características. As ruas por onde trafegam muitos veículos geralmente são asfaltadas. Algumas ruas são bem conservadas, outras são cheias de buracos e irregularidades. Há ruas de paralelepípedos e ruas de terra, com calçadas e sem calçadas, ruas arborizadas e ruas quase sem vegetação. Há, ainda, as ruas que são retas e as que são cheias de curvas.

1 Observe as imagens e leia as legendas a seguir.

Brincando na rua, pintura de Barbara Rochlitz, 2004.

A pintora Barbara Rochlitz nasceu na Polônia, em 1941, e veio para o Brasil com 6 anos de idade, para residir em São Paulo. Atualmente, participa de exposições nacionais e internacionais e já ganhou prêmios e medalhas. Suas pinturas trazem, em geral, lembranças dos tempos vividos em sítios e fazendas.

■ Além de servirem para a circulação, as ruas podem ter outras finalidades? Quais?

_____

_____

A rua, um espaço de todos

As ruas são **espaços públicos**, ou seja, todas as pessoas têm o direito de usá-las para transitar ou realizar outras atividades, respeitando o direito de ir e vir das outras pessoas.

Em todo o país, há ocasiões em que algumas ruas são utilizadas para a realização de feiras livres, festas populares ou **passeatas**, por exemplo.

> **Passeata:** agrupamento de pessoas que percorrem vias com o objetivo de protestar, comemorar ou manifestar uma opinião.

1 Observe as fotos a seguir. Depois, relacione os usos indicados no quadro abaixo com cada uma das ruas representadas.

A: Deslocamento de veículos e pessoas
B: Passeata
C: Feira livre
D: Festa popular

Congado de Santa Efigênia. Ouro Preto, Minas Gerais, 2015.

Trabalhadores do campo em Jornada Nacional de Luta. São Miguel do Oeste, Santa Catarina, 2015.

Eixo Monumental. Brasília, Distrito Federal, 2015.

Barracas na rua Oscar Freire. Município de São Paulo, 2015.

oitenta e cinco

Representações

Vista de frente e vista do alto

Observe a casa retratada na imagem **A**, com um poste na frente. Os moradores, quando estão chegando e ficam de frente para a casa, têm a mesma visão que temos ao observar a ilustração.

Quando observamos um objeto de frente, utilizamos o **ponto de vista frontal** ou, simplesmente, a **vista de frente**. Esse tipo de ponto de vista é o mais utilizado em representações como fotografias, pinturas e desenhos.

Agora, imagine que outro morador da casa ganhou um passeio de balão e quis sobrevoar seu quarteirão. Quando o balão estiver no alto e exatamente acima da casa dele, o morador terá a visão representada na imagem **B**.

Essa visão corresponde ao **ponto de vista do alto** (de cima para baixo), que é empregado em representações como mapas.

1 Agora, responda às questões.

a. Na imagem **A**, quais elementos da casa e do jardim os moradores podem ver?

_____

_____

b. Na imagem **B**, o que é possível ver da casa e do jardim?

_____

_____

Agora já sei!

1 Leia a tira e responda às questões a seguir.

Tira de Luis Augusto, 27 nov. 2004. Acervo do artista.

a. A palavra **monumento** significa "construção grandiosa". O menino da tira comparou a rampa feita em uma calçada com um monumento. Por quê?

_____
_____
_____

b. Além de calçadas, em que outros locais é importante que existam rampas de acesso?

_____
_____

2 Observe a imagem ao lado. Nela, as construções são vistas do alto. Em sua opinião, para que esse tipo de imagem pode servir?

_____
_____
_____

Município do Rio de Janeiro, 2013.

3 Em uma folha avulsa, desenhe uma rua que você conhece. Represente todos os elementos com detalhes e escreva o nome dessa rua.

■ Agora, com um colega, observem o que há de semelhante e de diferente entre os desenhos de ruas que vocês fizeram.

CAPÍTULO 2 — Os bairros

A grande maioria dos municípios brasileiros está dividida em bairros, partes menores de um município que facilitam sua administração e a orientação das pessoas. Eles são formados por um conjunto de vias de circulação, onde há casas e outras construções.

Os bairros também reúnem os espaços de convivência em torno das moradias. O bairro onde está a moradia de uma pessoa pode conter lugares importantes e bastante frequentados por ela: a casa de vizinhos e de amigos, a escola, a praça, o parque, o mercado, entre outros.

1 Converse com os colegas sobre os espaços de convivência de um bairro selecionado por vocês. O professor fará o registro do nome do bairro e das informações levantadas no quadro de giz. Depois, copie esse texto nas linhas abaixo.

_____
_____
_____
_____

2 Agora, em uma folha avulsa, desenhe o lugar de que você mais gosta nesse bairro.

Diferenças entre os bairros

Os bairros são diferentes uns dos outros. Quando, por exemplo, um bairro está começando a se formar, geralmente em locais próximos de áreas rurais, ele costuma ter poucas casas e muitos terrenos vazios, com plantações ou com criações de animais.

Em bairros muito populosos de grandes cidades, entre os vários tipos de moradia, há os prédios de apartamentos, onde vivem muitas famílias. Há bairros em que predominam moradias grandes e luxuosas, e há outros em que as casas são pequenas e simples.

Além dos bairros residenciais, formados principalmente por casas, existem bairros industriais, onde trabalham e moram os funcionários de fábricas e suas famílias.

1 Observe as imagens e leia cada uma das legendas a seguir.

Bairro residencial formado por casas populares em Arapiraca, Alagoas. Foto de 2012.

Ponta Negra é um bairro que se formou ao redor da praia em Natal, no Rio Grande do Norte. Foto de 2012.

Bairro na zona rural em Caldas, Minas Gerais. Foto de 2013.

Bairro Park Way, em Brasília, Distrito Federal. Foto de 2014.

a. Escolha um dos bairros que você observou nas fotos e descreva seus elementos principais.

_____
_____
_____

b. O que você achou mais interessante no bairro que descreveu?

_____
_____

2 Complete o quadro com as semelhanças e as diferenças entre os bairros representados a seguir.

Bairro em Taquarana, Alagoas, 2012.

Bairro em Salvador, Bahia, 2014.

Semelhanças	Diferenças

Os lugares no bairro

Em geral, nos bairros em que moram, as pessoas também estudam, trabalham, cultivam amizades, fazem compras e, até mesmo, se divertem.

Para atender às necessidades dos moradores, é comum haver nos bairros estabelecimentos comerciais (como farmácias e padarias) e de prestação de serviços (como cabeleireiros e postos de saúde).

Existem bairros repletos de lugares que são visitados por pessoas do mundo inteiro.

1 Observe as fotos, leia as legendas e relacione as colunas abaixo.

Jardim Botânico

Rua Engenheiro Ostoja Roguski, bairro Jardim Botânico, Curitiba, Paraná. Foto de 2014.

Mercado Modelo

Praça Visconde de Cayru, bairro do Comércio, Salvador, Bahia. Foto de 2014.

Museu de Arte de São Paulo

Avenida Paulista, bairro Bela Vista, município de São Paulo. Foto de 2015.

Teatro Municipal

Avenida Eduardo Ribeiro, bairro do Centro, Manaus, Amazonas. Foto de 2014.

Representações

Representando a localização

Pedro vai se mudar para outro bairro. Para contar aos amigos onde fica sua nova casa, ele desenhou uma representação.

APAREÇA NA MINHA CASA NOVA PRA GENTE BRINCAR. VOU MORAR NO BAIRRO VISTA ALEGRE, NO QUARTEIRÃO DA PADARIA.

NA CASA VERDE, AO LADO DA PADARIA?

NÃO. VOU MORAR DO LADO DO AÇOUGUE.

1 Que recursos Pedro utilizou para indicar o local da nova casa?

_____

2 Em qual das construções indicadas abaixo Pedro vai morar? Circule a alternativa correta.

casa rosa   casa verde   prédio   casa azul

Agora já sei!

1 A imagem abaixo mostra um trecho do bairro de Altiplano, em João Pessoa, Paraíba, no ano de 2016. Observe-a e faça as atividades a seguir.

2016, Google Earth/Digital Globe

a. A imagem foi obtida de que ponto de vista?
   ☐ Frontal.   ☐ Do alto.

b. Na imagem, circule com lápis da cor indicada.

   🖍 Um quarteirão que não apresenta construções.

   🖍 Um quarteirão que apresenta construções e terrenos vazios.

   🖍 Um quarteirão que apresenta construções e algumas árvores.

c. As ruas apresentadas na imagem são tranquilas ou movimentadas? Como você chegou a essa conclusão?

_____

_____

noventa e três **93**

CAPÍTULO 3

Os serviços públicos e a transformação dos bairros

Leia o trecho de uma reportagem e observe as fotos a seguir.

> O bairro mais antigo de Uberlândia tem um lugar especial no coração de seus moradores e também daqueles que passam por ali [...].
> [...]
> No início de uma noite [...] na praça Coronel Carneiro se encontram perfis diferentes de pessoas. Uma senhora faz crochê calmamente sob a luz de um dos postes; crianças correm sob os olhares cuidadosos dos pais ou avós ainda no uniforme escolar [...]
> [Pedro Augusto Silva] de 25 anos vive desde os 3 no bairro. Compartilha com os moradores mais antigos as lembranças deles. "Gosto de ouvir as histórias [...] sobre a fundação do bairro, as casas mais antigas. Me entristece o fato de que algumas delas, como a casa que pertenceu a Geraldo Migliorini, não [estão] mais aqui".

Adreana Oliveira. Bairro Fundinho: a história viva pelo berço de Uberlândia. *Correio de Uberlândia*, 26 ago. 2014. Disponível em: <http://linkte.me/k4x06>. Acesso em: 3 maio 2016.

À esquerda, foto da casa de Geraldo Migliorini, na praça Coronel Carneiro, no bairro Fundinho, em Uberlândia, Minas Gerais, em 2008. À direita, foto do local após a demolição da casa em 19 de julho do mesmo ano.

1 Que mudanças ocorreram na praça Coronel Carneiro em 2008? E o que permaneceu igual? Converse com a turma.

Transformações pela ação humana

Os lugares se transformam ao longo do tempo, principalmente por causa da intervenção humana. Quando os lugares que compõem um bairro sofrem grandes transformações, o modo de vida de seus moradores também muda.

Rua Barão de Camargos, no bairro Fundinho, em Uberlândia, Minas Gerais. A foto da esquerda é de 1914 e a da direita é de 2014.

1 De acordo com o que é possível observar nas imagens acima, converse com a turma sobre o que mudou e o que não mudou no lugar representado.

2 Relacione as possíveis transformações em um bairro com as mudanças que podem ocorrer no modo de vida de seus moradores.

	Transformações no bairro		Mudanças no modo de vida
A	Aumento na circulação de veículos.		Ampliação da segurança para os ciclistas.
B	Aumento do comércio.		Dificuldade para brincar nas ruas.
C	Construção de ciclovias.		Maior facilidade para fazer compras.

Serviços públicos no bairro

Algumas transformações que ocorrem nos bairros têm o objetivo de melhorar a vida de seus moradores e das pessoas que estão de passagem por eles. Exemplos dessas mudanças são: a instalação de equipamentos para os **serviços essenciais**, como fornecimento de água encanada, coleta de esgoto, distribuição de energia elétrica e coleta de lixo. Esses são os chamados **serviços públicos**.

Operários em obra de instalação de rede de esgoto em Itaberaba, Bahia. Foto de 2014.

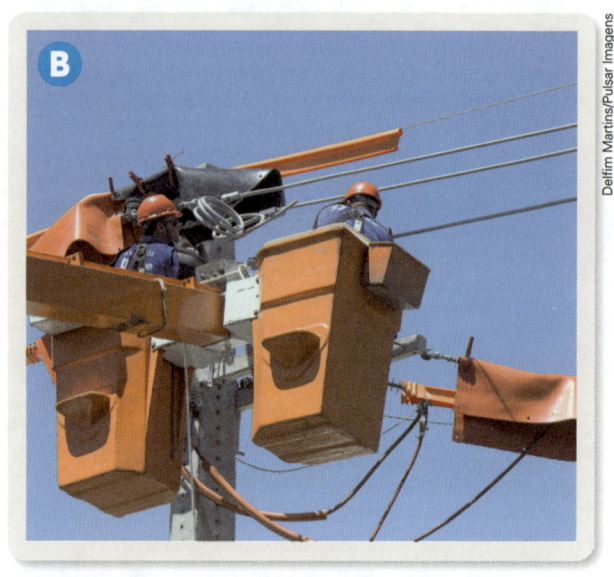

Manutenção da rede elétrica em Petrolina, Pernambuco. Foto de 2015.

1 Observe a imagem **A** e leia a legenda. A que tipo de serviço público os moradores desse lugar passaram a ter acesso? Que mudança você acha que isso provocou no modo de vida deles?

_____
_____
_____

2 A imagem **B** retrata a instalação de materiais necessários para a oferta de um serviço público importante. Como você acredita que é a vida de quem mora em um bairro que não tem esse serviço?

_____
_____
_____

Distribuição desigual de serviços públicos

A distribuição desigual de serviços públicos é uma das principais formas de diferenciar os bairros. Isso significa que alguns bairros são bem atendidos pelos mais variados serviços públicos. Já outros bairros não contam com a distribuição dos mesmos serviços, e a população sofre com a falta deles.

Esgoto a céu aberto em um bairro de Teresina, Piauí. Foto de 2015.

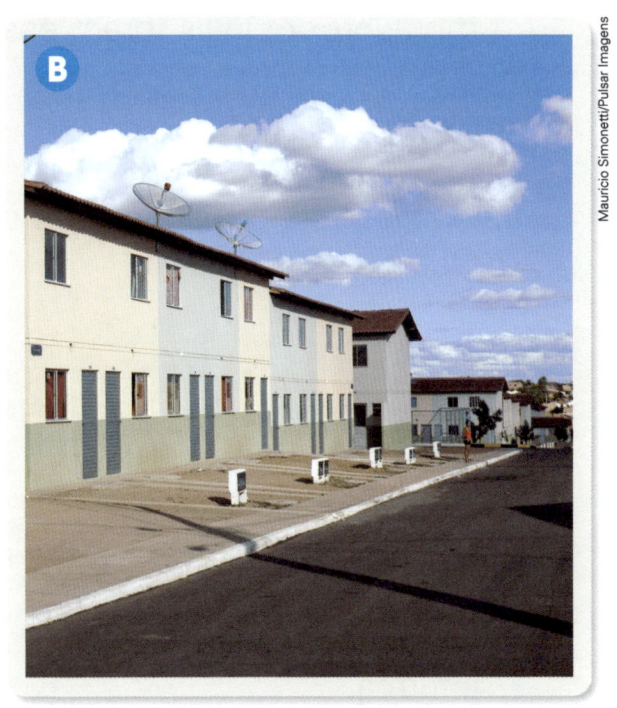

Rua com asfalto e rede de água, em um bairro de Paulo Afonso, Bahia. Foto de 2012.

3 Compare as fotos acima e faça o que se pede.

a. Qual das fotos retrata um bairro onde a população sofre com a falta de serviços públicos?

☐ Foto **A**. ☐ Foto **B**.

b. Complete a frase corretamente:

O bairro da foto _____ parece ser atendido por vários serviços públicos, como _____

_____

c. O que os moradores do bairro que você indicou no item **a** podem fazer para que seu direito de acesso a serviços públicos de qualidade seja atendido? Converse com os colegas e o professor.

noventa e sete 97

Agora já sei!

1 Com a ajuda de um familiar, combine uma conversa com um adulto que more há muitos anos em um mesmo bairro. Nessa conversa, procure obter informações sobre as transformações que ocorreram nesse bairro. Faça as seguintes perguntas:

a. Houve transformações no bairro que melhoraram a vida dos moradores? Quais foram essas transformações?

_____
_____

b. Houve transformações que pioraram a qualidade de vida deles? Quais?

_____
_____

c. Que outras transformações seriam bem-vindas? Por quê?

_____
_____

■ No dia combinado com o professor, apresente sua entrevista para a turma.

2 Converse com um colega sobre as mudanças necessárias para melhorar a vida dos moradores da rua representada abaixo.

Rua no município de Gramacho, Rio de Janeiro. Foto de 2012.

Vamos fazer!

Planejamento para a redução de consumo

Você e seu grupo vão observar os hábitos de consumo de luz e de água na escola onde estudam. Depois, vão refletir sobre como é possível reduzir esse consumo.

1. Durante uma semana, vocês vão observar as atitudes das pessoas (alunos, professores, funcionários) em sua escola. Notem como elas usam:
   - a água – nos banheiros, na cozinha, nos bebedouros, no laboratório, no pátio e em outras dependências;
   - a energia elétrica – luzes, aparelhos e equipamentos (como máquinas, computadores e outros) das várias dependências.

2. Anotem no caderno as situações de uso consciente (sem desperdício) e as situações de uso inadequado (com desperdício) que observaram. Indiquem em que locais e situações o desperdício é maior.

3. Conhecidos os hábitos, pensem se eles poderiam ser mudados e que vantagens isso traria. Por exemplo, é preciso manter a torneira aberta enquanto ensaboamos as mãos? Se fechamos a torneira, quanto economizamos de água? Discutam propostas para reduzir o consumo de água e energia elétrica no dia a dia.

4. Agora, elaborem cartazes com figuras e sugestões. Mostrem para as pessoas o que elas podem mudar para reduzir o consumo de água e de energia elétrica na escola. O professor vai indicar o lugar adequado para colar os cartazes, onde todos possam ver e aprender com eles.

O que aprendi?

1 Leia o texto e converse com um colega para responder à questão.

> João joga um palitinho de sorvete na rua de Teresa que joga uma latinha de refrigerante na rua de Raimundo que joga um saquinho plástico na rua de Joaquim que joga uma garrafinha velha na rua de Lili.
> Lili joga um pedacinho de isopor na rua de João que joga uma embalagenzinha de não sei o que na rua de Teresa que joga um lencinho de papel na rua de Raimundo que joga uma tampinha de refrigerante na rua de Joaquim que joga um papelzinho na rua de J. Pinto Fernandes que ainda nem tinha entrado na história.

Ricardo Azevedo. *Você diz que sabe muito, borboleta sabe mais!* São Paulo: Moderna, 2007. p. 31.

■ Que mensagem o autor desse texto transmitiu?

_____
_____
_____

2 Converse com os colegas e o professor sobre como as medidas abaixo poderiam contribuir para a resolução dos problemas relacionados ao lixo.

- Reduzir o consumo de produtos industrializados.
- Utilizar o máximo possível as roupas, os equipamentos eletrônicos e outros bens antes de substituí-los.
- Quando possível, reutilizar embalagens.
- Evitar o desperdício.
- Separar materiais recicláveis e encaminhá-los para centros de coleta e reciclagem.
- Cobrar das autoridades que o lixo não reciclável tenha um destino adequado.

3 Observe a representação abaixo e complete as frases a seguir.

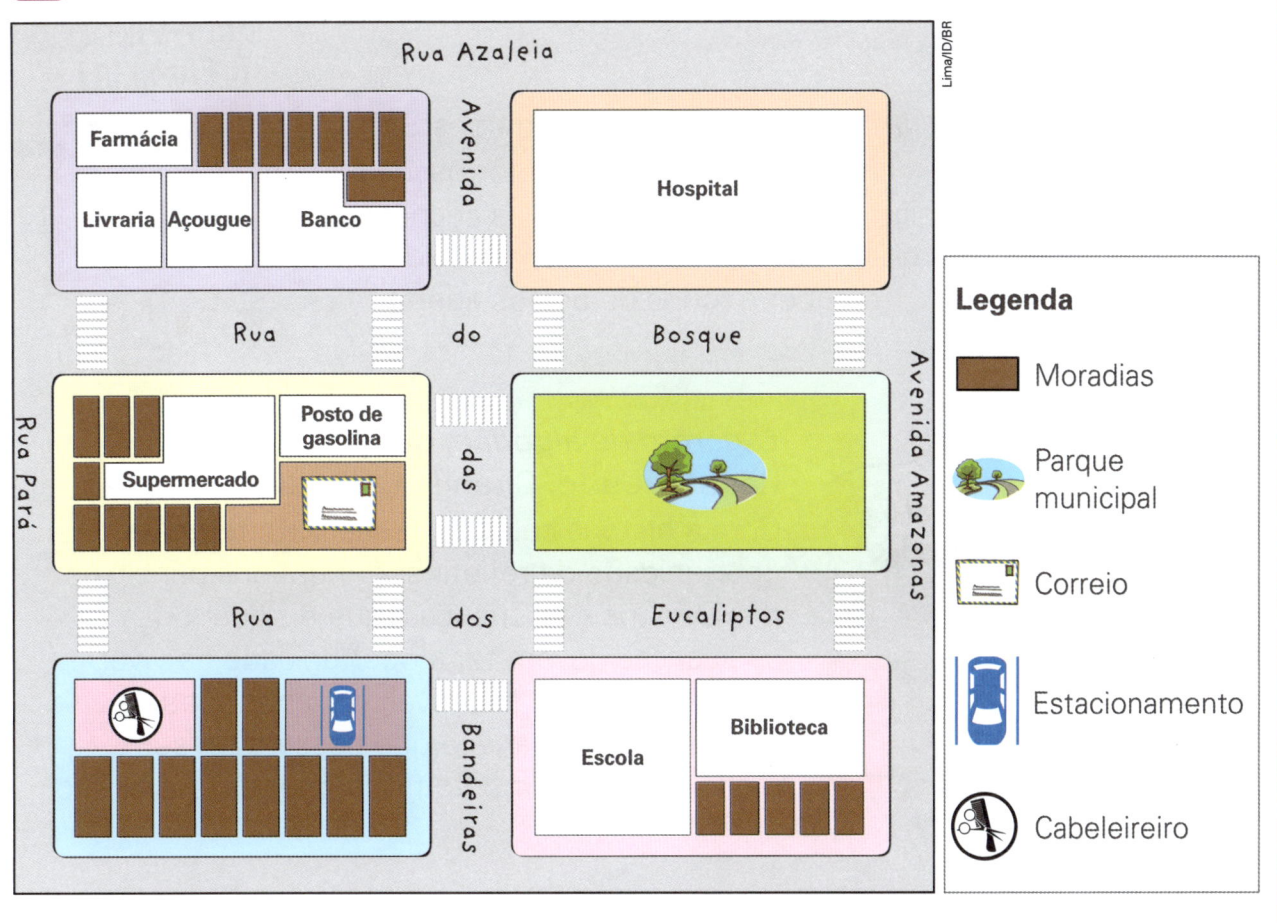

- O _____ ocupa um quarteirão inteiro.

- Na avenida das Bandeiras, em frente ao hospital, na esquina com a rua do Bosque, está o _____. Na esquina em frente, na rua do Bosque, fica o _____.

- Ao lado do posto de gasolina, na rua do Bosque, há um _____.

- Saindo do banco pela rua do Bosque, à direita há um _____ e depois uma _____. Ao lado dela fica a _____.

- Atravessando a avenida das Bandeiras, na faixa em frente ao estacionamento, chega-se à _____. Atrás dela há uma _____.

- Agora, em uma folha avulsa, desenhe símbolos para cada uma das nove construções que estão na representação acima.

Sugestões de leitura

Unidade 1

Bem-vindo à família!, de Mary Hoffman. Edições SM.
O livro trata, com humor, de diferentes formações dos núcleos familiares. Não importa como as crianças chegam às famílias, o fundamental é ser recebido e receber a todos de braços abertos.

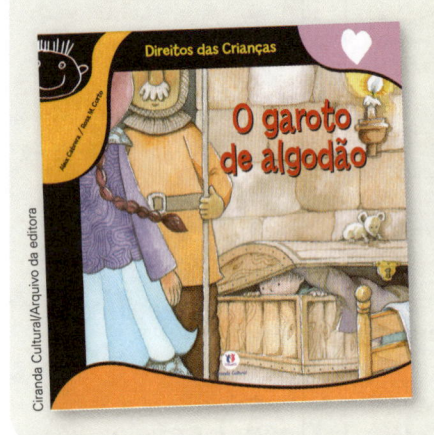

O garoto de algodão, de Aleix Cabrera e Rosa M. Curto. Ciranda Cultural Editora.
Com a história contada nesse livro, temos a oportunidade de refletir sobre um dos princípios dos Direitos das Crianças, que diz que todas as crianças devem ter a oportunidade de viver de forma digna e saudável, em condições de liberdade e de maneira que possam ter seu pleno desenvolvimento físico, mental, social, etc.

Unidade 2

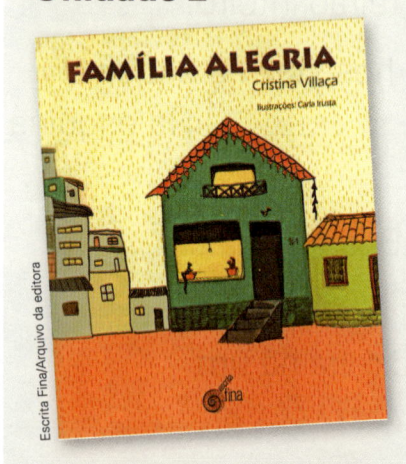

Família Alegria, de Cristina Villaça. Editora Escrita Fina.
Livro que trata de casas de vários tipos e de vários jeitos, como a casa da Família Alegria, a casa do Tatu, a do Pitu, a da Lena e a do Zeca. Entre e fique à vontade!

O livro das casas, de Liana Leão. Cortez Editora.
De forma divertida, esse livro mostra que as casas podem ser de diferentes tipos. E, com seriedade, conta que nem todas as pessoas têm casa para morar.

Unidade 3

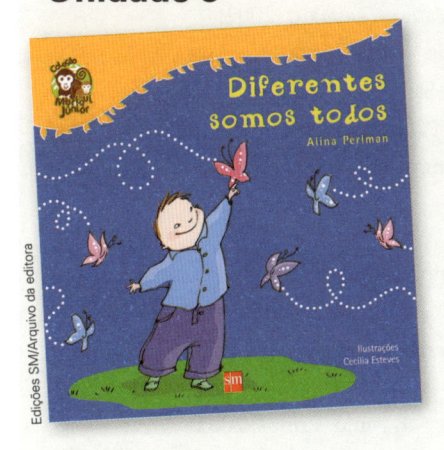

Diferentes somos todos, de Alina Perlman. Edições SM.

Carminha ganha uma bolsa de estudos para uma escola particular. No entanto, ela se sente excluída nessa escola. O motivo é que ela tem um irmão com síndrome de Down. Então, ela se une a Laura, uma menina a quem acaba de conhecer e que também tem um irmão com síndrome de Down, para tentar mudar essa situação e para que haja respeito pelas diferenças.

Escolas como a sua: um passeio pelas escolas ao redor do mundo, de Penny Smith e Zahavit Shalev. Editora Ática.

Por meio de fotos e depoimentos, o livro apresenta o dia a dia, na escola e fora dela, de 43 crianças de mais de 30 países. Oportunidade para conhecer o outro e, nele, se reconhecer, explorando os mais diversos espaços escolares.

Unidade 4

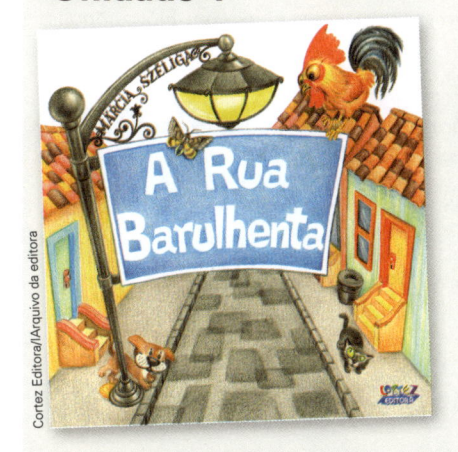

A rua barulhenta, de Márcia Széliga. Cortez Editora.

Esse livro conta a história de uma rua que não fica quieta nem um minuto, de tão barulhenta que é. E é uma rua única, sem igual, cheia de casas, de gente, de carros e caminhões, sem falar na bicharada.

Senhor G., de Gustavo Roldán. Edições SM.

Se plantar uma semente no deserto pode mudar a vida de um povoado é o que você vai descobrir lendo a história desse amável vizinho, um senhor de pequenos gestos e de um grande ideal em nome do bem comum.

Bibliografia

ALMEIDA, Rosângela Doin de. *Do desenho ao mapa*: iniciação cartográfica na escola. São Paulo: Contexto, 2001.

_____; PASSINI, Elza Y. *O espaço geográfico*: ensino e representação. 12. ed. São Paulo: Contexto, 2002.

ANDRADE, M. C. de. *Caminhos e descaminhos da geografia*. 3. ed. Campinas: Papirus, 1989.

ASSOCIAÇÃO DOS GEÓGRAFOS BRASILEIROS. *Projeto "O ensino da cidade de São Paulo"*. São Paulo: AGB, 2000.

BIBLIOTECA LAROUSSE. *Convivência*: ética, cidadania e responsabilidade social. São Paulo: Larousse Júnior, 2003.

BRASIL. Ministério da Educação e do Desporto. Secretaria de Educação Fundamental. *Parâmetros curriculares nacionais* (1ª a 4ª séries). Brasília: MEC/SEF, 1997. v. 1, 5, 8 e 10.

CARLOS, Ana F. A. (Org.). *Geografia na sala de aula*. São Paulo: Contexto, 2007.

CASTELLAR, Sonia (Org.). *Educação geográfica*: teorias e práticas docentes. São Paulo: Contexto, 2005.

CASTROGIOVANI, Antonio Carlos (Org.). *Geografia em sala de aula*: práticas e reflexões. Porto Alegre: Ed. da UFRS/AGB, 2004.

CAVALCANTI, Lana de Souza. *Geografia, escola e construção de conhecimentos*. Campinas: Papirus, 1998.

CHIANCA, Rosaly M. B. *Mapas*: a realidade no papel. São Paulo: Ática, 1999.

FALLEIROS, Ialê; GUIMARÃES, Márcia Noêmia. *Os diferentes tempos e espaços do homem*. São Paulo: Cortez, 2005.

FERREIRA, Aurélio Buarque de Holanda. *Dicionário Aurélio mirim*: dicionário ilustrado da língua portuguesa. Curitiba: Positivo, 2005.

INSTITUTO BRASILEIRO DE GEOGRAFIA E ESTATÍSTICA (IBGE). *Atlas do censo demográfico 2010*. Rio de Janeiro: IBGE, 2013.

_____. *Atlas geográfico escolar*. 6. ed. Rio de Janeiro: IBGE, 2012.

_____. *Meu primeiro atlas*. 4. ed. Rio de Janeiro: IBGE, 2012.

INSTITUTO SOCIOAMBIENTAL (ISA). *Povos indígenas no Brasil*: 1996-2000. São Paulo: ISA, 2001.

LACOSTE, Yves. *A geografia serve, antes de mais nada, para se fazer guerra*. Lisboa: Iniciativas Editoriais, 1977.

LIBÂNEO, J. C. *Didática*. São Paulo: Cortez, 1994 (Coleção Magistério 2º grau. Série Formação de Professores).

MAGALHÃES, Maria do Rosário Alves. *Uma análise crítica da prática do ensino de geografia nas quatro últimas séries do Ensino Fundamental, nas escolas públicas estaduais da zona urbana de Caxias – MA*, 1999. (Monografia) Caxias – MA.

MARTINELLI, Marcelo. *Gráficos e mapas*: construa-os você mesmo. São Paulo: Moderna, 1998.

MENDONÇA, Sonia Regina de. *A industrialização brasileira*. 2. ed. São Paulo: Moderna, 2004.

MORAES, Antonio Carlos Robert. *Geografia*: pequena história crítica. São Paulo: Annablume, 2003.

OLIVEIRA, Ariovaldo Umbelino de. *Para onde vai o ensino de geografia?* São Paulo: Contexto, 2005.

PENTEADO, Heloísa Dupas. *Metodologia do ensino de história e geografia*. São Paulo: Cortez, 2009.

PEREIRA, Raquel Maria Fontes do Amaral. *Da geografia que se ensina à gênese da geografia moderna*. 3. ed. rev. Florianópolis: Ed. da UFSC, 1999.

PIAGET, Jean; INHELDER, Bärbel. *A representação do espaço na criança*. Porto Alegre: Artmed, 1993.

PINHEIRO, Antonio Carlos. *O ensino de geografia no Brasil*. Catálogo de Dissertações e Teses (1967-2003). Goiânia: Viera, 2005.

REVISTA *Forum*. São Paulo, Publisher Brasil, ano 5, n. 52, 2007.

REVISTA *Olhares e Trilhas*. Uberlândia: Escola de Educação Básica/UFU, ano 1, v. 1, n. 1, 2000.

ROSA, Antônio Vítor. *Agricultura e meio ambiente*. São Paulo: Atual, 1998.

SANTOS, Milton. *A natureza do espaço*: técnica e tempo, razão e emoção. São Paulo: Edusp, 2008.

_____. *Pensando o espaço do homem*. São Paulo: Edusp, 2004.

_____. *Por uma outra globalização*: do pensamento único à consciência universal. Rio de Janeiro: Record, 2004.

SIMIELLI, Maria Elena. *Geoatlas*. São Paulo: Ática, 2009.

SPÓSITO, Eliseu Savério. *A vida nas cidades*. 5. ed. São Paulo: Contexto, 2004.

VESENTINI, José William. *Para uma geografia crítica na escola*. São Paulo: Ática, 1992.

VIEIRA, Malu. *Arte em papel*: dobradura na sala de aula. São Paulo: Moderna, 1998.

Destacar, dobrar e encaixar

Toy › **Atividade de abertura da unidade 1**

cento e cinco **105**

Destacar, dobrar e encaixar

Toy › **Atividade de abertura da unidade 1**

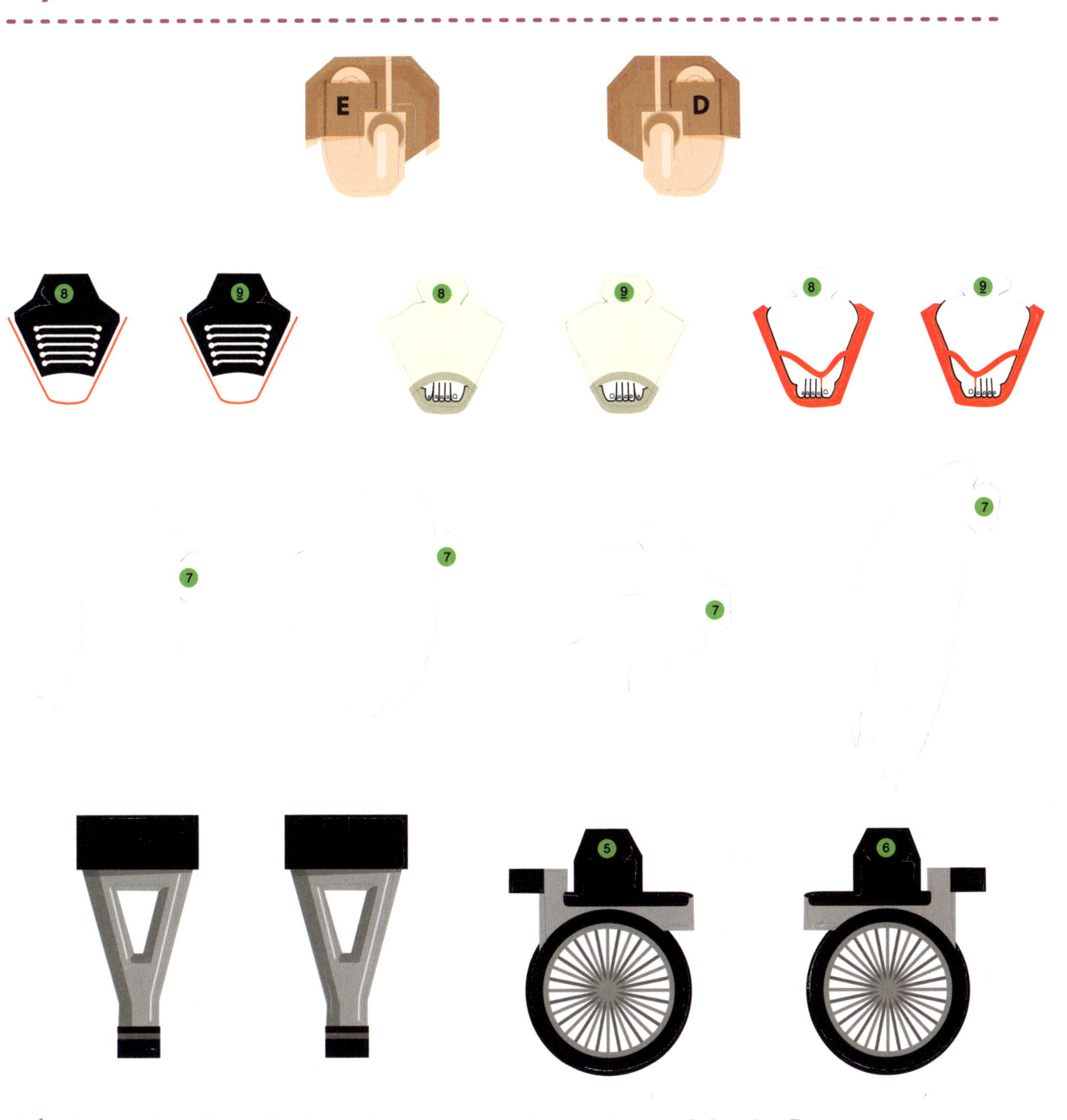

Páginas 8 e 9 › **Atividade de abertura da unidade 1**

cento e sete 107

Recortar e colar

Páginas 56 e 57 › **Atividade de abertura da unidade 3**

A

B

Ilustrações: Alex Rodrigues/ID/BR

C

D

E

F

cento e nove **109**

Recortar e colar

Páginas 56 e 57 › **Atividade de abertura da unidade 3**

G

H

I

J

K

L

Ilustrações: Alex Rodrigues/ID/BR

cento e onze **111**